親と子のいい関係

柴田愛子の講演録

親と子のいい関係

柴田愛子の講演録

はじめに

「講演」ということばに脅えていました。「講演」とは、きちんとした話を、偉い人がするものと思っていたからです。「講演を依頼したい」というお話しをいただくと「ただのおしゃべりですが……」と言い添えなければお引き受けできませんでした。

しかし、人間あつかましいもので、回を重ねるうちに「講演とは言えないけど、まあ、いいか」となり、そのうちしっかり「講演」しているつもりになるのですからあきれます。いまや年間七〇回近くの機会をいただいています。

対象は子育て中の親たちが多いです。乳幼児ばかりでなく、小学校のPTAにも声をかけていただいたりします。保育士や幼稚園教諭、子育て支援の方、児童館や小学校にもうかがったりします。

りんごの木を始めて三三年。〈子どもの心に添う〉ことを心して、子どもを極めたいと思いながら眺めてきました。子どもはつき合えばつき合うほど面白く、人として学ぶことが多くなりました。卒業生も大きくなり、その成長を見せてもらえるのはまさに保育者冥利に尽きます。育てているようで、育てられているというのが今の実感です。

子どもたちからもらったものを育児書や保育雑誌に書いたり、子育ての単行本にしたり、絵本にさせてもらってきました。講演もそのひとつです。

毎年のように呼んでいただくところがいくつかあります。そのなかに「ころりん村幼児園」がありました。りんごの木のように、認可を受けずにやっている東京都あきる野市にある幼児施設です。

いままでいろんなテーマをちょうだいし、お話ししてきました。そして、毎回、講演後にテープを起こしてまとめてくださっています。

その記録がもったいなくて、まとめて一冊にしたくなりました。その場に同席した気分でお読みいただけたらうれしいです。

子どもの育ち、親としての育ちの参考にしていただき、〈おとなと子どものいい関係づくり〉のお役に立てたらうれしいです。

柴田愛子

もくじ

表紙・本文イラスト／ナガタヨシコ
講演採録・構成／高野菜穂美

ころりん村にて　その一

〈心に添う〉ということ

おはようございます。今日はどんなふうにわたしが子どもとかかわって、どんなふうに思っているかっていうことを、今までのことをたどりながらお話ししようと思います。

わたしは横浜の都筑区で〝りんごの木〟という、保育を中心としたトータルな子どもの仕事をしています。保育だけじゃなくて、小学生が来る活動や、保育者向けのセミナーをしたり保育雑誌の仕事をしたり、絵本も出していたり、子どものことの何でも屋って思ってもらえればいいんですが（笑）。

いつもわたしは子どもをみるときに子どもの〈心に添う〉ということを中心に据えています。〈心に添う〉ってどういうことなのか、自分のことを振り返りながらお話ししますね。

〝正しい保育〟を求めて

最初はごく一般的な学校法人の幼稚園に勤めました。

壁に、花とか動物とか折り紙が貼ってありました。〝壁面装飾〟っていわれているものですね。わたしは何だかそれになじめなかった。絵だけじゃなくて、幼稚園の先生が子どもに要求することは、おとなが〝幼稚園児はこう〟っていう思い込みなんじゃないかと感じ出したのね。

それで、若かったし情熱もあったから、正しい保育をして立派な先生になりたいと思って、じゃあ勉強をしようと、幼稚園に勤めながら近所の夜間大学にもぐりこんで（笑）、改めて保育の勉強を始めたんです。そこでなぜかある教授に気に入られてたくさんの勉強会や研究会に連れて行ってもらい、保育についてのいろいろな考えに触れました。多いときは一〇個ぐらいかけ持ちしてたかしら？

どれを聞いても全部正しい気がするんですよ。いろんな考え方があって、いろんな理論があって、時として正反対なものもある。いったいどんな保育がいいのか分からなくなって、最初の幼稚園は五年で辞めました。

それから、ちょっと頭を切り替えたかったのもあって、普通の会社でＯＬをやりました。きれいな職場できれいなお洋服を着て、お給料もたくさんもらって（笑）。

でも、毎日が同じで、飽きちゃって辞めたの（笑）。

そのあと、また別の幼稚園に勤めました。そこは障がいのある子も含めた保育をしていて、自閉的傾向の多動児といわれる子を二年担当して、わたしの中の子ども観がすっかり変わりました。ものすごく勉強になって、わたしの中の宝物なんですが、体力的な限界を感じて、ここも五年で辞めました。

それから保育雑誌の仕事をいただくようになって、その中に、全国の幼稚園を取材して記事を書くって仕事があって、すごく楽しかったんだけど…いろんな幼稚園におじゃましているうちに、それはこうなんじゃない？　って思うようになってきて、職員会議に出たりするようになって（笑）、「うちで働きませんか」って声をかけていただいたりして、ああやっぱりわたしには現場だわって実感して、お金も力量もないのに、やりたい気持ちがまるで三歳児のように溢れてきて、りんごの木を立ち上げたんです。

自分がやりたいことをやるためにつくったので、認可を受けていません。そのときはいずれやれなくなったらまた勤めましょうくらいに思っていました。すでに二五年たちましたけどね。

それまで通算一〇年、幼稚園で保育をして、いろいろと勉強もしました。それで分かったことは、〝こうすれば、こう育つ〟〝これが正しい〟ということはないんだってことなの。〝正しいもの〟は、時代によって違う。専門家によっても違う。

昔は母乳より粉ミルクがいい、栄養が完全に摂れるからって言われてたけど、今は母乳を勧めるわよね？　産湯だって、昔は赤ちゃんが生まれてすぐに入れたけど、今は入れない。体温の急激な変化はよくないからなんですって。それから、汗をかくと、昔はシッカロールという白い粉をバタバタつけたわね。今は、汗腺が詰まるといってつけないみたいなの。汗腺が詰まって大変な人、ここにいますか？（笑）。

現代は情報が溢れていて、それに振り回されて、その通りにしないと育っていかないような気がして、自分がどう思うか、どう感じるかが分からなくなっちゃってる。いろいろな情報が入ってきてもそれが正しいものだって思い込む必要はないと思うんですけど、お母さんたちは、一生懸命あれもこれもしなきゃ、正しく育てなきゃいけないって思ってませんか？

情報の中で頭だけで学んだことが、逆に子育ての邪魔をしていることがあるんです。

〝一歳で歩きます〟って書いてあって、九か月で歩けた子は、親が偉かったから歩けたわけじゃないのよ。たまたまなの。情報の物差しは平均値だから、前もいるけど、後ろもいるんです。うちには一歳九か月で歩けたって子がいたんですが、そんなふうに遅いとなると、「わたしの何がいけなかったのかしら？　日光浴させなかったから？」と、その子が歩くまで、心配や不安を抱えて毎日を過ごして、自分を責めてしまう。情報の物差しでわが子を計るから苦しくなるのよ。

昔は情報が少なかったから、近所の人が、

「あら、足が強くなってきたね、もうすぐ歩くね」とか、

「口がムズムズするんだね、歯が生えるよ」とか、その子を見ての情報を流してくれたんです。ところが、今の情報は日本国中の平均値で、その子を見てのものではない。それをわが子に当てはめるから苦しくなっちゃう。

子どもにとって、歩けた、しゃべったという画期的でうれしいことを、親にいっしょに喜ばれて育てられるのと、また遅いのかしら、できないのかしらって心配されながら育てられるのと、どっちがうれしいと思います？

子どものことは子どもに聞こう

それから、もう一つ。誰かに「いい」と言われて、自分もいいと納得しても、自分にできるかできないか？　って問題があるのよ。

たとえばね、〝ほめて子育て〟（笑）。そりゃいいわよね。ほめて子育てができたらそれに超したことないじゃない？　ほめられた子どももうれしいし、母も気分がいい。

それで、ほめて子育ての本を読んで、

「よし、わたしも今日からほめて子育て！」って決心して、三日ももてばいいわよ（笑）。

だいたいは夕方になると、

「何やってんの！」ってなる（笑）。

でもそれが人間なのよ。〝感情で叱ってはいけない〟なんて書いてあるけど、感情がなかったら叱んないわよ（笑）。感情がこもってるから子どもに通じるんであって、

「お母さん見てましたけど、あなたの今とった行動は違います」なんて言っても、子どもは聞いちゃいないですよ（笑）。

育児にどうやら正解はなさそうだっていうこと、そして、正しいと言われていても、わたしにできるかできないかって別問題がある。そこでわたしが行き着いたのは、今まで、子ど

もが健やかに育ってほしいと思い、おとなの専門家の意見を聞き、データを目にし、研究者と話してきたけれど、肝心の子どもはどうなの？　ってことなんです。

子どものことは子どもに聞こう。この子どういう子？　泣き虫？　怒りんぼ？　何で泣いてるの？

おとながどうさせたいか、じゃなくて、子どもが何を感じているか、どうしたいのか、子どものことをよく見て、子どもの言い分に耳を貸してみよう。

わたしは世界中の子どもを相手にしてるわけじゃない。目の前の子をよく知りたい、何で泣いてるのか知りたい。

でも本人はまだ言葉で言えないの？　じゃ、子どもが今感じてるであろうことを、わたしが口に出して言ってみることにしたんです。

すごく分かりやすい話で言うと、親と子どもがいっしょに歩いてて、子どもが転んじゃったときに、世のお母さんたちが何て声をかけてるか？

「だから言ったでしょ」

「ママの言うことを聞かないから！」（笑）。

これが圧倒的に多い。さらに、

「さっさと立ちなさい！」（笑）。

乱暴なのよお母さんって（笑）。

だいじょうぶ？　って言える人は少しいるわね。痛かったねって言う人は目に見えないほど少ない。

転んだら痛いのよ、子どもだって。

転んだ子どもが感じているのは「いたい！」、これだけなんだから、

「痛かったねえ」

これが〈心に添う〉ってことなんです。

擦りむいて血が出てると、子どもは余計に泣きますよね、そんなときにお母さんは、

「痛くない、痛くない。お家に帰ってバンドエイド」

違うわよ痛いのよ（笑）。痛いって泣いてんだから、「痛いよね痛いよね」って言って、血がついちゃうのがイヤだったら、顔だけ近づけてトントンしてあげればいいのよ（笑）。

痛いときには「痛いよね」、嬉しそうなときには「嬉しいねえ」

これが〈心に添う〉っていうことなの。

立場を変えるとよく分かるのよ。お母さんが台所でうっかり指を切ってしまったときに、そばにいた子どもに、

「ほらやった。ボヤボヤしてるからだよ」って言われたら、頭にくるでしょ？

「いたくない、いたくない」って言われたら、張り倒したくなりますよね（笑）。

そんなときに、

「だいじょうぶ?」って言われると、ちょっと心がなごむんです。子どもだって同じなのよ。ところがわが子に限っては、言えないんですね。

人の子どもが転んじゃったときに、「だから、おばちゃん言ったでしょ」って人はいないのよ(笑)、「だいじょうぶ?」って言えるんですよ。

自分の子どもには言えないんですね。それは、転んだくらいでメソメソ泣いてないで、パッと立ってたくましくなってほしいっていう願いもあると思うんですけど。無意識にかもしれないけど、自分の所有物的な感覚が強いと思うの。

子どもが泣いているとき、「どうしたの? 何があったか言ってごらん」。よくこう言ってますよね。心配しているからなんだけど、でもこれは、わたしに分かるように言葉で説明しなさいって言ってるのよ。泣いてる子どもは、頭を整理して何がどうしたこうしたなんて説明できない。だから、「悲しいよね、何か悲しいことがあったんだね」って言えばいい。〈心に添う〉っていうのは、分かってあげることでも、理解して解決してあげることでもなくて、痛んでいるときに、ちょっと寄り添ってあげることなんです。

自分から一歩出ていける

そんなふうにわたしは、子どもが感じているであろうことを一つひとつ、言葉に出して言ってみました。そうしたら子どもとの関係がすごくよくなりました。そして〈心に添う〉ということを基本にして子どもと接する中で、二つのことを大きく学んだんです。

一つは〈子どもは自ら育つ力をもっている〉ということ。

皆さんのお子さんも、一歳ぐらいのときにティッシュペーパーやったでしょ？ 箱から次々引っ張り出す。あれは誰もそんなこと教えてないのに日本中の一歳児がハマるんです。でも、ずっとやり続けるなんてことはなくて、だいたい二箱やれば卒業します。電気のスイッチを見ればパチパチするし、水たまりにもすっ飛んでいくわね。でもそれは誰に教わったものでもない。子どもは、自分の置かれた環境の中で、今、自分の育ちに必要なものが輝いて見えるわけですよ。

大きくなれば、縄跳びだったり、木登りだったり、ハマるものがおとなに分かりやすいものになるんですけど、三歳ぐらいまでは、こちらにご迷惑なものにハマってくれることが多い。だからおとなは必死でやめさせようとするんだけど、子どもは自分の中から育つ種をつかんでいるんだっていうことが分かったんです。

誰が指導しなくても、人間の子は人間の子として育つ能力をもっていることを確信しました。

それから、もう一つ大きく学んだこと。人間は、何かあったときに、心に寄り添ってくれる人がいることで、本来の自分を取り戻して〈自分から一歩出ていける〉っていうことです。これはおとなもそうなんです。

たとえばね、お正月に孫の顔が見たいってお姑さんが来て、気を遣ったり、いろいろ言われたりして、で、お姑さんが帰ったとたん、友だちとお茶しながら、

「うちのお義母さん、こんなことまで言ったのよ」なんてウワーッと愚痴を吐き出して、そこで友だちが、

「そうそう、うちもだよ、最悪だよね」なんて相づち打ってくれたりすると、どんどん気持ちが軽くなっていきますよね。最後には、

「でも、あのお義母さん、若い頃苦労したみたいなのよね」なんて言えるぐらいになっちゃう（笑）。友だちは、何をしてくれたわけじゃないのよ。聞いてくれて、相づち打っただけなんです。

「じゃあ今度、あたしが電話で言ってあげる」なんて言われたら困るでしょ（笑）。

自分に置き換えるとこんなふうに分かるんですよね。だけど、子どもが物の取り合いでケンカになって、ウワーッと泣いて帰ってきた子に説明をはじめるお母さんって多いのよ、

「あの子が遊んでたんだから、取ったあなたが悪い。だからぶたれるのよ」って（笑）。

「そうでしたか」なんて言う子どもはいませんよ（笑）。

そんなときは、

「あーあ、ケンカになっちゃったね、痛かったね」って膝に乗せて、背中をトントンしていると、五分以内にお尻がムズムズして、またさっきのところに自分から出ていく。二時間乗ってる子はいないのよ。

裁判官になっちゃう人も多いわね。

「最初に遊んでたのはどっち？」とか、

「あなたは大きいんだから」とか、

「じゃあ、ジャンケンで」とか仕切っちゃう（笑）。

お母さんがお山の大将で、裁判官になって、実は子どもの気持ちが見えてないんじゃないっていうことがよくあります。物の取り合いのときは、

「困っちゃったね、一つしかないからね」って言ってると、子どものほうが取り合いに疲れてきて、もういいかって思っちゃったりするんです。

子どもにとって大事なのは、何かあったときに、避難して帰れる場所なんです。

子どもが帰って来られる場所

りんごの木には、小学校で不登校になった子、中学や高校を辞めてきた子、いろんな子が帰って来てくれたんですが、どの子もみんな自分の力で出ていきました。

小学校四年生で不登校になって、一年間りんごの木に来てた男の子がいました。妹がりんごの木に通っていて、お母さんが悩んでたから「じゃあ彼がヒマなら来れば?」って呼んだんですね。

四年生だから、縄跳びの二本で跳ぶダブルダッチとかできるんですよ。幼児にとってはあこがれのお兄ちゃんで、自分たちもやるって言って、そしたらその子は、どうすればこの子たちが跳べるようになるかなあって一生懸命考えて、しるしをつけたり、一本の縄だけ見ろなんて適切な指導もあったりして、みんなできるようになっちゃったの。保育者以上に保育者みたいで、子どもたちにとってはキラキラ光ってた。それで、一年経った頃、

「僕は学校に戻ることにする」と言ったのよ。子どもたちはみんなで、

「えーっ、やめなよ、やめなよ」って引き止めたんですけど、彼は強い意志を持って、一人ひとりに手づくりのプレゼントを渡して、

「みんな、今までありがとう」って、出ていったんです。

そして五年生が終わって六年生のとき、作文を書いて送ってくれたんです。それにはこう書いてありました。

〝僕は四年生の頃、不登校になりました。そしてそのとき、お母さんがりんごの木に行けばというので、行きはじめました。そこは小さい子どもばかりだった。その子たちを見ていたら、まだ言葉がちゃんと使えていないのに、一生懸命自分を分かってもらおうと思って言っている。そして周りの子は一生懸命分かろうとしている、一生懸命聞いてあげようとしている。それを見たときに、僕に欠けていたのはこれだって気がつきました。僕に欠けていたのは、分かってほしい気持ちと分かってあげようとする気持ち。だから友だちができなかったんだって。僕はそのことに気づいて学校に戻った。そしたら、あんなにつくりたくてもつくれなかった友だちが、自然とたくさんできた。ありがとうございました。〟

彼は中学に入ったとき、「りんごの木があったから今の僕になれた、ありがとう」ってケーキを持ってきてくれたのよ。

高校を辞めてきた女の子もいました。電話がかかってきて、

「…帰っていい?」

「いいよ」

「…あのさ、厚化粧なんだけど」

「いいんじゃない」

「つけまつげもつけ毛もつけてんだけど。茶髪だし」

「いいんじゃない」

「ルーズソックスなんだけど」

「何でもいいから来れば?」

「だって、わたしがこの格好で出入りしたら、親からヒンシュクだよ」

「別にいいよ、うちの卒業生ですって言うから」

「親から抗議があったら、どうすんの」

「そんなことで文句言う人はいないと思うけど、文句言われたら、うちの大事な子ですから、気にいらなきゃお辞めくださいって言うからだいじょうぶだよ。でも、もし、あなたがみんなに見られるのがつらかったら、時間をずらして来れば?」

　で、彼女は朝の時間をずらして来たのね。でも子どもたちは厚化粧が大好きで、どうなってんの? やってみてって寄ってきて、その子はとっても子どもに優しかったから人気だったんです。それで、ヒマだろうから保育を手伝えば? って。自分より弱いものとか、保護してあげなきゃいけないものがあると、心がなごむんですよね。そして半年ぐらいした頃、「わたし、通信高校受けようかな」って言い始めて、大検も受けて、今は大学生になってます。

何もできることはないんです。ただ、帰ってきていいよって言うだけなのね。人は自分を取り戻せたら、自分から出ていけます。

何かあったとき、たった一人でいい、そのときの心に添ってくれる人がいれば、きっと自らを取り戻し、自ら歩み始めると思っています。人間は一人では生きされないんではないでしょうか。

心は心で育てるしかない

今朝、子どもを叱ってきた人、います？

何で叱ったの？　なかなか着替えなかったから（笑）。

時間でせかしてる人、多いでしょ？　集団登校に間に合わなくなっちゃう？　じゃあ、あなたが送っていけば？　下のお子さんを連れて。引き受けあうのが家族だから。

送っていくほどの距離じゃないの？　じゃあ、見ててあげれば？　集団登校したくない日もあるかもしれないじゃない？　学校に気が向かないから遅くなってるのかもしれない。

集団登校はお約束だから？　でも、それが正しいって無条件に請け負いすぎ。子どもにとっては約束って、命令なのよ。コントロールされてるみたいなもんですよね。

これは今の社会全体がそうなっていて、

〝犬を公園で放すことは条例で禁止されています〟とか〝機内のトイレでの喫煙は法律に違反します〟とか、法律だから条例だから約束だからってしてることが、すごく多くなってるような気がするの。

ここは子ども向けの公園だから、犬を放すと危ないのでやめてくださいとか、他の人に迷惑だからタバコは吸わないでくださいとか、どうして言えないんだろうって思うんです。

子どもにも、家の中でお約束を頻繁に使わないでほしいなとわたしは思うんですけど、「あなた、みんなと行かないつもり？　じゃあ一人で行くことになるんだけどいいの？」って、素朴な聞き方でいいんじゃないですか？　気持ちで守っているのと、ルールで守らされているのとは違いますよね。

「わたし、何で朝からこんなにガミガミ言ってるんだっけ？」ってもう一度原点に戻ったほうがいいって思うんです。朝、さっさと着替えないと遅刻する。遅刻はしちゃいけない。それしか頭にないでしょ？　じゃあ遅刻は何が悪いの？　とか、どうしてこの子は遅刻しちゃうのかな？　とか、今日は遅刻しても譲ってあげようとか、親が発想できなくなっている。

学級崩壊が起こったとき、わたしは、子どもの心が育っていない、人間関係の希薄さ、想像力の欠如がそうさせているんだと思ったんです。「先生が大好きだから、こんなことしたら困るだろうな」って思うとやらない。

心は心で育てていくしかないんですよ。

人間関係がちゃんとできていれば、遅刻すると大好きな先生がブーッとなる、だから遅刻せずに行こうと思う。わたしがこうすればこの人はこうなるだろうなっていう人間関係があるから、察しがつくようになるわけですよね。察しがつくと、自分の動きを自分でコントロールできるようになるわけです。

そんなふうに、経験と心の練りかたで、人間っていうのはできていくんであって、お約束で、ルールで関係はつくれません。

叱ってしつける?

〝叱る〟っていうことの中には、ちゃんと叱って身につけさせなければっていう世間からのプレッシャーとか強迫観念みたいなものと、自分の思うようにいかない苛立ちや八つ当たりを子どもにぶつけて、それが叱るという形になっているというのと、両方があると思うのね。

ついつい叱ってしまうこと、これが多いのよね。

だいたい怒っていることの八割は自分の思うようにいかないからでしょ? さっさとしてほしいのに、片付けたいのに、いろいろね。一割は体面を気にして叱る。本当にその子のことを思って叱るなんて、一割あればいいわね。でも、それはやめられますか? やめられないでしょ。だから、やめなくていいんじゃないですか？

八割を自分の感情で叱っていると子どもが人間的に育たないかっていうと、そんなことはないですよ。

「こんなに叱っていたら、子どもの性格がゆがむでしょうか？」って質問がありました。

「あなた、生まれたときからずっとそう？」

「そうなんです。ずっとわたしは口やかましいんです」

「じゃあだいじょうぶ。子どもは受け流すの上手になってるから」（笑）。

最初からあなたに出会ってるわけですから、それを引き受けるのが子どもは上手です。年中叱ってる人は、子どもは言うことをきかない。受け流す能力を身につけるからね（笑）。

自分で、あんまり怒りすぎちゃってるなと思ったら、誠意をもって、

「お母さん、うるさくってごめんなさい」って、ときどき謝っていけばいいと思うんです。

「叩くのはいけないんですか？」って質問があります。叩かれるのは痛いからイヤよね。叩かれて身につけたものは、叩く人がいなくなったらハジけます。分かって身につけてるものじゃないから。叩かれて育った人もいるでしょ？　何か残りました？　そのことを感謝してますか？　感謝してないわよね。

自分がイヤだったと思ったらやめましょうね。

言いきかせても言いきかせてもできないんですっていうのもよくあるんだけど、言いきか

せて分かることなんてないわね。たいていのことは、自分で体験して分かっていくことだからね。言いきかせて、言葉だけで分かっていくことなんてない。口やかましいのは自分のためよ、言わずにはいられないから。

外に出すっていう人もいるわね、「そんな子はうちの子じゃありません、出ていきなさい」って、罰を与えるというの。

小さいうちは、お母さんと命綱を断たれたら生きていけないっていう危機感を持ってるんです。だから、外に出された子は、必死に泣き叫んでるでしょ？「ママ、ごめんなさい、ごめんなさい！」って。

もう何をやったか、なんで怒られてるのかなんて覚えてないわよ。

自分の目の前にいられると、怒りがエスカレートしちゃうから外に出すって人もいるけど、命綱を断たれるって恐怖感はすごいんですよ。

怒ってるときは親のほうも何が何だか分からなくなるから、視野から外すっていうのは大事なことよね。でもそのときは、自分が外に出てね（笑）。

それから、イライラしたときのはけ口は持ってたほうがいいわよ。大声で歌をうたうとか、ヤケ食いするとか、お茶碗割るとか（笑）。

もうひとつ、思わずカッとなって叩いちゃったっていうのはアリよ。そういうときは、気持ちが落ち着いたら、

「痛かったね。やりすぎちゃったね」って言っとけばだいじょうぶ。

子どもは親のことをよく見ています。四、五歳の子どもたちに、

「お母さん八つ当たりする？」って聞くと、

「するする」って全員言います。

小学生に、

「お母さんが疲れているときって分かる？」って聞くと、これまた全員、

「分かる」

声のトーンが違う、顔の表情が違う。怒りっぽいという。

「そんなときはどうするの」と聞くと、

「近づかない」って（笑）。

中学生にもなると、何か買ってほしいときには、数日にわたって顔色を見るんだって。タイミングが悪いとダメになっちゃうことがあるから、そのタイミングが絶妙なんだって。

こんなふうに、子どもたちは親がイライラして怒ってるのか、本当の怒りなのかっていう選別はちゃんとできてます。だから、正しくしつけようとしたり、正しい親になろうとして頑張ってもいいですけど、ボロボロになるほどの努力はやめたほうがいいわね。

それから、本当に自分の大事にしている心情なり価値観に触れることが起きたときは、もうありったけ怒っていいですよ。

本当の怒りとか、本当の愛情とかは子どもに伝わるのよ。大事なことはやっぱりちゃんと伝わるんだから、ありったけで勝負していけばいいじゃない。心が動いたものは、ちゃんと子どもの心に残しておけるのね。

「どういうときに叱るべきですか？」って質問がよくあります。わたしは「あなたがイヤなとき」って答えます。それでいいじゃないですか？　共に暮らすって、そんなことですよね。

子育てをしてるときは、いろんなことを子どもから突きつけられます。おとなになってしまった自分の固い頭には入らない、いろいろな刺激をたくさん受けるわけです。そういうことに出会う中で、自分の壁を壊したり、柔軟性がつくられていったりするんだと思うんです。だから、子育ては親育てって言われてるけれど、どっちか一人だけが育っているってことはないと思うんですね。共に育っていくものなのね。

お母さんもわがまましていい

お母さんごっこ、家族ごっこって言われてる遊びから〝お母さん〟役が姿を消して、もう五、六年になります。一番人気はペットです。イヌとかネコなのよ。これは全国的な傾向で、りんごの木でもそうなんですね。うちの子どもたちに、

「じゃあ、お母さんはどうするの？」って聞くと、

「りょこうにいってることにする」とか、
「しんじゃったことにする」なんて答えが返ってくるんです。
「じゃあ何でイヌがいいの？」って聞くと、
「いぬとかねこは、なにもしなくてもかわいがられるから」って言いました。

お母さん、あなたは条件付きの愛情をあげてませんか？〝宿題やったからいい子〟になってない？　子どもが何もしなくても「あんた大好き」「うちの大事な子」って言ってる？

イヌを散歩させてる人は、そのイヌがいかに大事か、オーラが流れてます。いい年をしたおじさんが、
「おはようマロンちゃん、お元気？」なんて（笑）。

ところが、お母さんたちからはオーラが流れてません、
「早くしなさい！　遅れるでしょ！」（笑）。

そりゃ責任があるし余裕もないから仕方ないんだけど、子どもは、お母さんの「○○しなさい、○○しなさい」っていうシャワーを浴びてて、シャワーの向こうのお母さんのことが見えてないんじゃないかって気がするんです。

お母さんごっこからお母さんが消えたのは、もう一つ、お母さんの役割が見えてないんじゃないかって思うんです。

一九七〇年代までは、専業主婦の家事労働の時間が平均一二時間だったんです。わたしが

子どもの頃も、ガスコンロは一家に一口で、冷蔵庫だって氷を入れるのだったし、洗濯機も絞るときはローラーに挟んで手で回すのだったわ。何をやるにも、手間ヒマがかかった。やらなくちゃいけないことが山ほどあったから、家事労働に必死で、子どものことはケガをしなきゃいい程度で放置していた。

昔の親は、子どもを待てたんじゃないのよ。まあいいかってあきらめたり、見て見ぬふりをしてたんですよ。でもそのおかげで、子どもはお母さんを見られたんです。お母さん洗濯大変そうだな、ああやって洗濯するんだな、とか、布きれが洋服になっちゃった、お母さんって魔法使いみたいって、お母さんのことを外から見られたの。そしておとなは、いろんな魔法を実現する魅力ある存在だったんです。

今、お母さんは何をしてます? マッチを擦ることさえないでしょ? お昼は冷凍食品チン、無洗米を炊飯器に入れてスイッチ押すとご飯が炊ける。お風呂だってボタン押すだけで、沸いたら知らせてくれるのよ。六歳になって数字が読めれば一人暮らしができる家事労働なんですよ（笑）。

大好きだけれど、何か特別魅力的ではないお母さん。だって、自分にもできることしかしてないもの。遊ぶときもいっしょでしょ？ いっしょにカラオケ、いっしょにスキー、いっしょにディズニー。お母さんの役割がよく分からないんじゃないか、だからごっこ遊びに登場できないんじゃないかと思うんですね。

誤解しないでね、家事労働が楽になったのは、いいことなんですよ。今からはもう不自由な時代には戻せないんです。だから、便利になって家事労働から解放された一二時間を、もっと自分に費やしましょう。一二時間を子どもに費やすから、自分も子どもも苦しくなるのよ。

家事が楽になった分、お母さんはもっと自分にわがままに生きてもいいってわたしは思ってるんです。楽になったんだから、家事の代わりに不自由なものを抱える必要はない。まして子どもなんて思うようにいかないんだから、見て見ぬふりをして、あきらめられるくらいがいい。

「ダメ、今、このビーズはお母さんの大事なの！」

そういうものがあったほうが、うちのママ、ビーズやってるときは夢中なんだよって子どもが親を分かりやすいし、子どもにとっても、

「いま、ぼくはこれをやってるんだから」って言えるんですよ。

便利になった分、お母さんだって、自分のやりたいことをやっていいんですよ。それを子どものためにと必死で、好きでもないお料理に時間をかけて、栄養のバランスや手作りにこだわってご飯をつくって、子どもが食べないと頭にくるでしょ？　親の頑張りを子どもが受け入れてくれないと腹が立つのよ。それなら自分の好きなことをやったほうがいいと思うのね。

親の心配を背負わせない

りんごの木を立ち上げたとき、何が子どもにとって大事かと考えたの。子どもの仕事って保育がいちばん面白いけれど、子どもが生まれた以上、生まれてきてよかったって思って人生を歩んでほしいじゃないですか。それにはわたしが二年三年保育したところで、たいしたタシにはならない。いちばん肝心なところは、親子関係なんです。だから〈親子の絆の間の流れをスムーズにする〉手助けをしたいと思ったのね。

子どもにとっていい親ってどういう親か。たぶん、いいお母さんっていうのは、すぐ怒らない、早く早くってせかさない、どうしなさいこうしなさいって命令しない、僕の話を聞いてくれる、そういうことじゃないかしら？

じゃあ、親にとっていい子っていうのはどういう子か。親の言うことを聞く子、ところかまわず騒がない子、さっさと動く子、泣かない子。親にとってどういう子がいい子かっていうと、ほとんどが、自分の都合に合う子なのよね。

それから、今、目の前の子どもと向き合わず、将来を見ながら育てているの。将来のことを憂いた親の心配を、子どもに背負わせてるの。

もうすぐ小学校のお子さんをお持ちの方は心配ですよね？　心配だから、子どもに、先生の言うことはちゃんと聞くのよ、授業のときはイスに座ってるのよって、自分の心配を、全部子どもに背負わせてるの。でも、学校に親が行くわけじゃないんです。子どもに聞くと、子どもも学校は心配って言います。まいごになったらどうしよう、とか、トイレの場所分かるかな、とか、給食残しちゃいけないのかな、とか、どれも親が解決してあげられないんです。

ほのちゃんっていう女の子がいました。年長クラスは毎年夏に一泊でキャンプにでかけます。ほのちゃんはキャンプに行きたいけど、ママがいっしょじゃない。どうしようどうしようってずっと迷ってて、最後の最後に決めなくちゃならないときに、お母さんがこう言ったんです。

「ほの、行きたいんでしょ、でも心配なんだね。じゃ、その心配は自分で抱えて行きなさい。心配を持ってキャンプに行きなさい」

そしたらほのちゃんはキャンプに行くことにしたの。キャンプでは楽しそうに遊んでるから、

「ほのちゃん、心配なくなったの？」って聞いたら、

「ううん、いまはちいさくなってるの」

夕方になってきたら不安がだんだん出てきて、ママーって泣いて、

「やっぱり、おおきくなったー」

　でも次の日がきた。だいじょうぶだった。その後もいくつか心配を抱えて何とかなった経験をしたほのちゃんは、三月の卒業のときに、

「がっこういくのしんぱいだけど、みんなもってけばいいんだよ。わたしね、もってったけど、だいじょうぶだったよ」

　そういうことなんですね。

　親は心配だけど、どうしてあげることもできないとき、いちばん役に立つのが失敗談なんです。お母さんも給食食べられなくて泣いてたとか、学校でおもらししちゃったとか、親の失敗談とか変な話が子どもは大好きなんです。親じゃなくなる部分に共感できるんだと思うの。お母さんも失敗したんだ、だからだいじょうぶって安心感もある。

「うちの子、自分のことが自分でできないんです。時間割を揃えない、忘れものも多い。だから朝、ワーワー言いながら、わたしがやってるんです」

「自分のことができないのは、あなたがうるさく言うからじゃない？　やってあげなければ、自分でできるんじゃない？」

「だってできないから、わたしがやってるんです」

「言うからできないのよ。子どもは困れば困るほど、考えるようになるわよ」

「でもダメなんです。わたし、言わずにはいられないんです。言わないと朝からストレスがたまっちゃうんです」

「じゃあそれは、自分のためにうるさく言ってると自覚をしましょう。言わずにはいられないから言ってるだけで、時々子どもに、おやかましゅうございますって言っとけばいいんじゃない？」

子どもは先を見越して今を準備するっていうのが、とっても苦手です。鼻水が出て、ティッシュペーパーを持ってなければ、誰かにくれる？　って聞く。そういう関係の友だちがそばにいない場合は、トイレに行って紙を取ってかむ。トイレがなければ葉っぱもある。いちばん手っ取り早いのは袖かしら（笑）。

そんな具合に、困ったら考える。それを繰り返しているうちにその子は、ティッシュなんか要らないっていうふうになるかもしれないし、持ってたほうがいいって考えるようになるかもしれない。そこから先はその子の判断なのよ。

それを親が、子どもが困らないように困らないようにと、先を見越して子育てしていて、ティッシュをランドセルに入れる。困ることはなくなるかもしれないけど、子どもは与えられたものを使うだけ。

「お母さん、今日ランドセルにティッシュ入れるの忘れたよね」って変でしょ？（笑）。

親の気持ちイコール子どもの気持ちには、絶対になりません。子どもは今を生きてるし、親は先を心配して子育てをしてるから。

そんなふうに、親子でお互い望むものが違うんだから、満足できる親子関係なんてないですよ。だから、いい親子関係っていうのは、ほどよい距離を持った関係なんだと思うの。自分の思いどおりにしすぎているなと思ったら、ごめんなさいって放す。放っときすぎているかもって思ったら、引き寄せるという関係。

子どもは今しか見てない。本音もなかなか言葉には出てこない。そこで、子どもは今、何を感じ、どう考えているかを知るために、子どもの心に添ってみる。子どもの気持ちを踏み潰して親の思いだけを優先させるのは違うよってことなの。子どもにも視点を当ててねっていうのが、子どもの〈心に添う〉ってことなんです。

子どもの心を見抜くカン

子どもは生まれたときから、本能と感性は持ってるわけです。ちゃんと彼らは感じてる。それは、子どもの表情を見ると、とってもよく分かることだと思うんです。言葉より表情のほうが確かなんですよ。

子どもが赤ちゃんのときは、しゃべらないから、親が身を寄せて、表情を見て、あらどうしたのかしら？　お腹が痛いのかしら？　って、分かってあげようと思ってたのよね。ところが、言葉が出たとたん「言わなきゃ分かんないでしょ」になる。

コップを差し出して、「ん！」って子どもが言うと、まだしゃべれなかった頃は、

「あら喉が渇いたの？　お水あげようね」って言ってたのよ。

ところがひとたびしゃべれるようになると、

「なあに？　言わなきゃ分かんないでしょ」

「おみず」

「お水ください、でしょ」（笑）。

その辺から、子どもの表情を読み取るカンが鈍ってくるんだと思うのね。

こんなに人間が進化しても、言葉を持っては生まれてこない。生まれ方は太古の昔から変わっていません。生まれた後の環境によって、言葉を獲得してるんです。子どもは言葉の学習を始めたばかりなのよ。自分の気持ちを適切に表現するなんてできない。

だから、言葉にごまかされちゃダメなんです。言葉に頼らないで、表情から、全体の態度から、その子の心情を読み取るカン、子どもが赤ちゃんの頃には親が持ってたカンを取り戻していく、そして持ち続けていくっていうのが、親子関係にいちばん大事なことだとわたしは思うんです。

今、いじめとか、引きこもりとか、自殺とか、子どもをとりまく問題がいろいろありますよね。親は、「おれ、へいきだよ！」って言葉に安心しすぎちゃいけないです。子どもの心の中を見抜くカンは、ずっと持ち続けてなきゃいけないと思うんですよ。

子どもは、親に心配をかけたくないから、家では家の顔をしてます。幼稚園の年長児ともなれば、いちいちその日にあったことを報告なんてしない。でも親は聞きたくてしょうがないの。

「ねえ、どうしたの？　何があったの？　言ってごらん」

子どもは忘れたって言いますよ。もちろん忘れてないのよ。言いたくないだけ。

「忘れるわけないでしょ？　お母さんはあんたのことを思って言ってるのに！」と、親はどんどんカッカしてきちゃう。

〈心に寄り添う〉って、問題を理解して解決してあげることではないんです。いっしょに感じてあげることなのね。「ただいま」って声が変だなと思ったら、

「いっしょに買い物に行こうか？」とか、

「おいしいおやつがあるよ」

ちょっと優しくしてあげるってことなんです。

何かあって心は傷ついていても、へっちゃらって顔をしています。親に見せる顔と、幼稚園や保育園・学校での顔・先生に見せる顔と、友だちに見せる顔、子どもは最低でも三つぐらいは持ってます。でもありがたいことに、子どもが小さければ小さいほど、心の傷がすり傷じゃなくて本人の手に負えない傷になると、何らかのサインが絶対にあります。

小さい子の場合は、チック症状が出たり、急におねしょするようになったり、自分の心があふれてきちゃうといろんなサインを出してくれます。

もう少し大きくなると、表立ったサインは出なくても、朝ご飯の食べっぷりが悪い、あるいは、何かぐずぐずしているような感じがサインだったりします。

「早くしなさい」と、先の運びをスムーズにすることに夢中になってないで、子どもの様子をチラチラ見ると、ご飯がのろい、気が進んでないなっていう読みができるわけですよ。玄関での靴の履き方も、気持ちが重いときはゆっくりですよね。履けなくなることもある。そういう日常に、子どもたちは自分を表現しています。

体が元気だと、ついだいじょうぶ、学校に行けてればだいじょうぶと思っちゃうんですね。わたしは言葉で分かろうとしちゃダメって思うのね。サインをキャッチするためには、朝ご飯をいっしょに食べるとか、玄関まで送り出すとか、日常をいっしょに過ごして、子どもの変化に気がつく親のカンを持ち続けることが大事だと思うんです。

親は子どもが背負っている荷物の一つひとつを取り除くことはできません。

「どうしたの？　だいちゃんがイジメるの？　じゃお母さんがその子に言ってあげる」

「担任の先生がイヤなの？　じゃ代わってもらおうね」

親ではない人に預けた瞬間から、子どもの心の荷物の中身は、親には分からないんです。親にできることは「だいじょうぶ？」これしかないんです。

心のもつれた糸をほぐす

今、親の願いが強すぎて、子どもを何とかしようとしすぎるために、子どもの力が伸びないと言われています。子どものことを思うあまり、将来のことを心配するあまり、子どもの人生の舵を親が握ってしまうんです。いい成績をとって、いい学校に入って、いい会社に入って、だからお金も時間もかけて、塾に行かせて受験をさせて…と、親の思いで子どもを走らせて、子どもの表情を見失ってしまいがちです。

小学生の子どもたちが、親に望むことの第一番が、

「成績で評価しないで」

二番目が、

「僕の話を聞いて」なんです。

何だか寂しい話ですよね？　子どものことを愛しているのに、その思いは子どもに伝わっていません。子どもの将来を心配するあまり「あなたは大事なわたしの子」というメッセージが、子どもに届いていないんです。

やがて思春期が始まります。万引き、暴力、いじめ、引きこもり……いろいろなことが起きるかもしれません。そのとき〈心に添う〉ことで、もつれた糸がほぐれていくことがすご

く多いんです。小さいうちは心に寄り添ってくれるのが親だとありがたいけど、大きくなるにしたがって、お母さんにそれは求めません。お母さんには自分の弱い部分を見せたくないって子のほうが多くなります。他人だから寄り添ってもらえる場合も多いと思います。

わたしの心に寄り添ってくれたのは、隣りのおばちゃんでした。そこの家には子どもがいないのに、近所の子どもがいっぱい出入りしていて、わたしはとてもかわいがってもらいました。子どもには、親でなくてもそういう人が一人いればいいってことです。

おとなに求めてもダメな場合、子ども同士、友だち同士で寄り添ったりしています。

りんごの木に遊びに来ていた、保育の専門学校に通ってる男の子がいて、かつて暴走族をやってたっていうから、写真を見せてもらったら、立派な暴走族なんですよ。

すごいね、カッコいいね、どうしてこの路線からこっちへ引っ越してきたの？　って聞いたら、

「親は、お前の言うことを聞いてやる、何を思ってんのか話してみろって言うけれど、親は親の耳でしか聞いてない。本当の俺の気持ち、俺の言葉を耳に入れてない。お母さんが神経イカレて薬飲んでたのも知ってる。でも俺にはどうすることもできなかった。あるとき、俺の言葉をそのまんま聞いてくれるおとなに出会ったんだ。そうだよな、そうだよなって聞いてもらってたら、何だか肩の力が抜けちゃって、突っ張れなくなっちゃったんだ！」って。

それは誰でもいいのかもしれない。その子をそのまま受け止められる人が一人いてくれれ

ばだいじょうぶってことなのかもしれない。

「コンビニやファミレスにたむろしてるうちはまだ救えるよ。寂しさを感じてるから。でもそんな寂しさを感じる自分がイヤになってくると、次のステップに入るより仕方ない。そこは暴力の世界かもしれないけど、自分の居場所が位置づけられたところに、安心感を見つけるんだ」と言いました。もう手に負えないからと、親が安易に子どもを見捨てないで、手放さないでほしいと思います。

子どもは生まれたときから、怒りっぽくて少々難ありのあなたを引き受けています。親に対して「性格変えて！」っていう子はいません。「僕のお母さん取り替えて」っていう子もいません。みんなありのままのあなたが好きなの。ありのままの親、ありのままの子、そこに誠意がある関係があれば、それでいいんじゃないかなって思います。

親子関係は共に選んでないんです。夫婦は選んでなったけど、子どもは選んだわけじゃない。これはくじ引きみたいなものだから、取り替えはきかないんです。だったら大当たりにしましょうよ。

子育ては一人じゃできません。アフリカには〝子ども一人を育てるのには村がひとつ必要〟っていうことわざがあるそうです。人間は本当に多くの他人とのつきあいによって成長します。みなさんにも、あの人と出会わなければきっと自分の人生はずいぶん違ったものになっていただろう、と思える方がいらっしゃるのではないでしょうか。親も子どもも、たくさんの人の中で育てられていくものです。苦しかったり、もうイヤって思ったら、助けてって声を上げてください。そして、助けてって言いあえる人間関係や地域社会をつくっていきましょう。りんごの木にはホームページもあるから、メールで「助けて」って言ってくれてもいいわよ。みんながつながって子育てしていこうよって思っています。

今日はありがとうございました（拍手）。

ころりん村にて　その二

〝いい子〟が「キレる」とき

こんにちは。今日はお忙しいところ、足を運んでいただいてありがとうございます。毎年、ころりん村幼児園で呼んでいただいていて、でも今回は一般の方もいらっしゃるということをうかがっていました。こんなに広い会場で、大勢の方にお越しいただいて、とてもうれしいです。

わたしは〝りんごの木〟という、子どもを巡る仕事を始めて二五年になります。普段は二歳から小学校入学前までの幼児の保育をしています。

長く続けているので、ＯＢがタテに長くなってきていますし、学校やＰＴＡから講演や研修会といったいろいろなお仕事もいただくようになって、授業をやったこともありました。そんなわけで、学校のことも分かってきてはいますが、小学生、中学生の専門家ではないんです。

だから、今日のタイトル〝いい子がキレるとき〟をいただいたとき、「えーっ、何を話せばいいのよ」って思ったんですけど（笑）、わたしの思い、わたしの考えをお話ししようと思ってます。

偉そうには言えないことばっかりですけど、皆さんといっしょに考えていくということで聞いてくだされば、と思います。

人に迷惑をかけない子ども

〝いい子〟ってどういう子かというと、幼児の場合は、親に都合がいい子ですよね。いい子にしててね、いい子にするのよ、ご迷惑かけないでね。親の言うことを聞く子、ところかまわず騒がない子、さっさと動く子、泣かない子…これって、自分の都合に合う子なんです。

二歳児のお母さんに、どういうことをしつけたいですか？　と聞いて、トップにきたのが〝人に迷惑をかけないこと〟でした。子どもっていうのは、人に迷惑をかけるものさっていう考えは、今の日本からなくなりましたね。おとなも子どもも、人を不快にさせちゃダメな国になっちゃったのよ。そのことをしつけていくってわけなのね。

オモチャの取り合いをしている小さな子どもに、

「ダメよ、これはその子のだから」

「貸してって言ったの？　か、し、て、は？」

「あ、ぶっちゃいけない」

三歳までは動物に近いから、無理なのよ。無理なことを一生懸命叱って、人に迷惑をかけない子にしつけようとしている。人間関係をスムーズにするためのルール、相手を不快にさせないためのルールを、小さい頃から教え込んでるんですね。

二番目に出てくるのが〝食事のマナー〟。

子どもに聞くと、お母さんはご飯のときがいちばんうるさいって言うんです、

「座って！　最後まで残さず！」

「手で食べない！」

「おしゃべり禁止！」

「足！　ひじ！」って（笑）。

なぜ、食べなきゃならないか。命をつなぐため、体を健康に保つためなんです。でも食べさせるためにエネルギー使ってませんか？　時間どおりに、バランスよく、残さず。体が要求する前に、口の中に押し込んでるのよ。

本来はお腹がすくの。そして口に入れるのね。それが生きていくっていうことですよね。座って、残さず、静かにっていうのは、食事の文化だと思うんです。文化は、人間になってからだんだん環境によって培われていくもので、まだ未発達な子どもたちに、どんなに叱ってしつけようとしても、そううまくはいかない。二歳の頃は、みんな遊び食べ、歩き食べしたでしょ？　でも五歳、六歳になるとほとんどしない。だんだん文化を身につけていくんですよ。

食べものは大事、だから残してはいけません。これは一般論です。でも本来は、あなた自身が大事と感じていることを子どもに伝えていくのが、あなたのしつけなんじゃないかと思

うのです。一般論を全部持ってきたら、子どもは苦しくて仕方ないですよ。挨拶、食事、生活リズム。お母さんだって、全部請け負ってたら苦しいですよね。だから、本来叱ってしつけることって、あまりないような気がするんです。

子どもに身につけさせていきたいものは、自分が身について大事にしていること。自分が育ってきた過程で自分の中に培ったものを伝えていくことであって、しつけたものが子どもに身につくんじゃありません。親の姿を見て、身についていくものなんです。子どもだけを正しくしつけることはできないのよ。だから自分が育ってきた中で、よしと思うものがあれば子どもに伝えていけばいいし、イヤだと思ったことはやめさせていけばいい。

しつけたい項目の三番目に出てくるのが〝ご挨拶ができる子〟なんですけど、これもお父さんお母さんが「おはよう」「いただきます」って言ってれば、自然と出てくるでしょ？子どもだけに「おはようのご挨拶は？」って言ってもダメなんです。

親に都合が〝いい子〟

しつけの四番目に出てくるのが〝性格の矯正〟です。引っ込み思案の子を積極的にする。積極的な子は迷惑をかけないように叱責する。でもそれは、わたしが引っ込み思案で損をしたから子どもは積極的にしたいとか、自分と同じ道をたどらせたくないと思っている親がすごく多いの。

だけど、どんなにお金をかけて、どんなにいい教材を使ってベストの子育てをしても、あなたの家のあなたの子どもなんです。ＤＮＡだってあるしね、魔法は使えないんです。

あなたの家の子が、あなたの家の子らしくないようになったら、暮らしにくいわよ。

「お母さん、おやつは手作りがよろしいと思います」なんて言われてごらんなさい、困るでしょ（笑）。

自分が引っ込み思案で損をしてきたなら、その痛みが分かるから、子どものフォローをしやすくなると考えればいいんじゃないですか？　協調性がない子は観察力に優れていたり、ものは考えようで、短所は長所になると思うんですよ。ジャガイモの芽をどんどん取っていったら、ジャガイモは壊れるんですよ。それよりも、芽もなくちゃねと、いいようにいいように見ていってあげたらいいんじゃないかと思うのね。

いろんな習い事に子どもを通わせてる人も多いわね。いちばん多いのが英会話です。

「知的には英会話、情緒面は音楽教室、体はスイミングでだいじょうぶです」って自信持って言い切った人がいました。何がだいじょうぶなのか分かりませんけど、でもどうして子どもに英会話を習わせたいの？

「わたしが英語ができなくて、海外旅行に行ったときに不自由だったから」

だったらお母さん、あなたがやりましょう（笑）。

自分の残りの人生を豊かにしてください。何もかもを子どもに背負わせるのはやめましょう。

ありのままじゃなく、〝どうあるべき〟〝こうあるべき〟って願いが多くなるほど、子どもは重いです。苦しいです。でも、その子がその子であることを大事に子育てしている人は大変少ないと思うんですね。

「いい子にしてね」というその〝いい子〟は何？

先ほどのオモチャの取り合いがいい例です。

「ダメでしょ取っちゃ、これはお友だちのよ、貸して、でしょ？　貸して、は？」

「かして」

「そうよ。言えたわね、いい子ね」

こうやって親は〝人に迷惑をかけない、いい子〟にしつけてるわけ。ところが二歳、三歳は、物に所有者があるなんて分かっていない。貸してっていう言葉の意味さえ分かってないです。特に二歳半ぐらいからの、第一反抗期って言われている年代の子どもは、自我の芽生えとともに、ワガママのピークです。人のものも自分のもの。自分がやりたいことが唯一のルール。何でも「じぶんで！」「みてて！」「いや！」これで親はほとほと困るわけですね。

都合が悪い子は阻害されていきます。公園でも、人のものを取ったり、その子がいるとハチャメチャやって大騒ぎになっちゃう子がいるでしょ？　その子の親は「気に入らなかったらひっくり返って泣きわめくのよ」なんてしつけてるわけじゃないのよ（笑）。その子にとっては、至って素直な感情表現なんですよ。

でも、

「あの子はいつもああやって大騒ぎするわよね」

「この前もうちの子ぶったのよ」

こんなふうに、やっかいな、自分の手に負えない子を持った親は、だんだん外に出られなくなるんです。

どの親も、おとなしい、聞き分けのいい子がほしいのよ（笑）。扱いやすいから。

とりあえずうちの子は扱いやすいわって思う人は、そのことを感謝して、ひっくり返って泣いてる子を見たら、白い目じゃなくて、いたわりのまなざしを向けましょうね。たいへんですねって、声をかけてあげたらいいのよ。

幼児の「キレる」は感情の噴出

幼児期にキレる子がいます。

だいたい自分の思い通りにいかないとキレるんですけど、本当は神経過敏なんです。虫歯で神経がむき出しになってるときは、水を飲んだだけでも痛いでしょ？ あれと同じで、たとえば夜驚症（やきょうしょう）って言われてる子は、夜中に、虐待を受けているかのように泣き叫ぶの。原因はまだ不明って言われてるんですけど、ピークは三歳ぐらいで、不思議と五、六歳からだんだん消えてくるんです。いいも悪いも含めて、神経がマヒしてくるんですね。生きる術を身につけていくわけ。

キレているときは、押さえつけてもどうにもならない。押さえつけたら倍返しで、どこかに跳ね返ってきます。だから、物を投げたりするのは「あーあ」って見守るしかないんですね。石やケガをしそうなものはバッとどけて。

まりちゃんっていう子は、自分の思うようにいかないとキレるんですけど、爆発するとすごいエネルギーで、二〇分ぐらいずっと、そのへんにある物を投げたり、ひっくり返したりウワーッてやるの。

そして、いちばん仲よしのあいちゃんに矛先が向いてしまうんです。

「もう、しね、しね、ころしてやるー！」って。

そういうことを言ってるときは、ガッと捕まえて、

「そんな言葉を簡単に言うな！」ってわたしはものすごく怒るんだけど、死ねと言われてボロボロ泣いてるあいちゃんに、

「まりちゃん、またなっちゃったね、どうしたらいいかしらね？」って聞いたら、

「ああいうときには、しずかにまってるか、すっごくこわくおこるしかないの」って。

そして一年ぐらい経って年長さんになって、キレる回数は少なくなってきたんだけれど、この前、泥粘土をやったときに、まりちゃんが人に向けて投げたのよ。

「やだよー」ってみんなで逃げてたんだけど、そのうちあいちゃんが、今まで見たこともない恐ろしい顔で、

「やめなさい！」って叫んだの。そしたらまりちゃん、やめたんです。

あいちゃんの怒り方があんまりすごかったから、

「あいちゃんの顔、すごーい」って言ったら、ウフフっていうの。

別の日、また、まりちゃんが爆発して、あいちゃんが泣いてるから、

「ねえ、あの顔したらどう？」って言ったら、

「きょうのはいやだけど、このくらいなの。あそこまでいやじゃないから」

子どもってたいしたものですよね。でも、あいちゃんに聞くと、まりちゃんがいちばん好きって言うんです。

まりちゃんのような子は、神経が繊細、過敏なんですね。そういう過敏な子は、小学校に入ったとたん、先生の言うことをよく聞くいい子になったりするんです。神経が細いから、先生の評価が気になって、学校では肩ヒジ張って頑張っちゃうんです。それで家に帰ってきてから、玄関で一人泣きしたりする。手が付けられないほど泣き叫んで、親はびっくりして、先生に連絡しても、原因が先生には分からない。外の顔をしてるのが疲れちゃって、玄関で荷

物を降ろしてるってことなのね。

　これは小学校低学年の子に多いんですけど、親は、学校ではちゃんとできてるのに、何で家ではこんななの？　って思うみたいですけど、自分のことを棚から降ろせば分かるのよ。外づらって、子どもにもあるんですよ。外で頑張った分、家で溢れ出すんです。泣き叫んで出すという方法しか、子どもは知らないの。

　それからこんなこともありました。四歳のてっちゃんという子で、他の幼稚園に通ってたんですけど、人のことを殴る蹴る、言葉も悪くて、てっちゃんがいやで登園拒否する子まで現れちゃいました。お母さんが相談にみえて、

「幼稚園で暴力を振るうのをやめさせてほしいって言われる。でも家では暴力を振るわないんです。だからどうやって止めたらいいか分からない」

　その幼稚園が近いこともあって、先生も相談に来て、とりあえず一週間、うちで預かってみますって言ったのよ。

　すごかったわよ（笑）。

　人のオモチャを取りに行って、貸してくれないと本当にキレるのね。もうパニックになったように、殴るわ蹴るわで、わたしもどうしてそうなっちゃうのか分からないんですけど、たぶん自分の思い通りにいかなかったんだろうと思って、てっちゃんを抱きかかえながら、「まったくいやになっちゃうよね、貸してくれないんだもんね、あいつケチだよね！」って、

てっちゃんが思ってるだろうことを叫んだの。そしたら、体がちょっとゆるんでくるんですよ。

それが一日に何回もあって、そのたびに、

「あんなやつだいキライだよねー!」って言って、びっくりしてる相手には、

「わけが分かってないんだ、許してやってね」って。そんなことを繰り返してたら、日に日にキレる回数が少なくなってきたんです。

その次に彼は、わたしのところに言いつけに来るようになったの。

「あいつがいじめる」「あいつがかしてくれない」

よし行こうって言って、

「てっちゃん、それ使いたいんだって」

「いまつかってるからダメー」

「ダメなんだってさ、残念だったね」

このとき、貸してあげてって言わないのよ、相手の気持ちもあるから。そこまではやりすぎなの。貸してくれなくて悔しいねって気持ちに共感するんですね。これを繰り返してたら、だんだんわたしのところに来なくなって、普通の子になっちゃったの。

お母さんと相談して、りんごの木に来ることになったんですけど、てっちゃんが、

「ぼく、ようちえんやめてりんごのきにいくの?」ってお母さんに聞いたんですって。お母

さんは、

「うん。幼稚園に行くと、てっちゃん乱暴になっちゃうでしょ？　乱暴になっちゃうてっちゃんは、お母さん好きじゃない。でも、りんごの木に行くと、おうちのてっちゃんでしょ？　そのてっちゃんは好き。だからりんごの木に変わってほしいと思ってる」そう説明したら、

「あのね、ああいうふうになっちゃうときは、さびしいときなの。ああいうふうになっちゃうとき、りんごのきは、あいこさんがだっこしてくれる」って言ったそうよ。

　最初からだっこって言ってくれればいいのにね。子どもの表現って、分かりにくいんです。だから、手がつけられないのを、こうなんじゃないか、ああなんじゃないかって、寄り添う以外にほどけないいんです。

　自閉症のたろうちゃんっていう子は、とても面白い子で、わたしはその子からたくさんの宝物をもらったんですけど、彼が四年生のときに朝の挨拶を他の子たちとするようになった。彼は「おはよう」と言うと「おはよう」って返ってくるパターンでないと納得できないんですね。ところが小学生が「おはよう」を返してくれなかった。それで彼はキレちゃって、彼を理解してくれている女の子に向かって石を投げちゃって、女の子は救急車搬送されたんです。やっぱり八つ当たりは気心が知れた人に向かうのよ。幸い、女の子は大事には至りませんでしたが、救急車の中で、

「たろうちゃんが悪いんじゃないの。だからお母さんたち、たろうちゃんを怒らないで、み

んなが悪いんだから」って言ってくれたんです。

分かってくれる人がいたら、そんなにキレなくてすむのよ。もしくは、小さいときにキレていて、それを受け止めてくれている人がいたら、だんだん穏やかになっていくんです。

子どもは自ら育つもの

わたしは最初の一〇年間〝正しい幼児教育〟〝正しい子育て〟を探して、必死で勉強しました。ところが、専門家が言う〝正しい幼児教育〟は一つじゃなかった。何が正しいか分からなくなって苦しくなって、行き着いたところが、もうちょっと子どもをよく見てみようということでした。それが子どもの〈心に添う〉っていうことなんですけど、言葉にとらわれないで、子どもの行動や表情をよく見てみました。そうしたら、子どもの心が分かりかけてきた。

子どもは、自ら育つ力があるとわたしは確信しています。

一歳の子は、みんなティッシュペーパーを引っ張り出すことにハマって、ひと箱カラにします。スイッチもカチカチやるけど、誰も教えてませんよね？　でも目ざとく見つけて気がついたらやってる（笑）。

ポケットにどんぐりとか釘とか、棒を拾うのも好きね。水たまりにはわざわざ入るし（笑）。なぜかは分からないけれど、みんなそれにハマって、堪能すると卒業するんです。それが発達していくってことです。

オムツだってそう。三歳までに何がなんでもはずさなきゃってお母さんたちは焦るけど、小学校で「オレ、早くオムツがとれた」なんて自慢してる子はいません（笑）。

小さいお子さんをお持ちのお母さんは、わたしが立派なお母さんになっていい子を育てなきゃって頑張ってると思うの。だけど、子どもを産んだとたんに、いい人格を持った立派なお母さんが出現するわけじゃありません。別の人生が始まるわけでもない。あなたはあなたの人生の過程で子どもを産んだんです。自分は自分でいい。お母さんがそう思えて初めて、子どもも自分は自分でいいって思えるようになるんです。

自分が背伸びしてたら、子どもにも背伸びさせたがるんです。いい子を装わせたがるんです。だから、必要以上に、親が子どもを育てようってリキまないでほしいの。

子どもが小さければ小さいほど、お母さんが燃えちゃうんです。手をかけすぎちゃうんですね。習い事にしても、五歳で三つ四つかけ持ちしてる子なんてざらにいます。英会話、サッカー、ピアノ、塾もあります。でも、子どもが成長して、だんだん思うようにならなくなって、親の言うことをきかなくなる。そして思春期に暴力とか万引きとか起こすと、もうわたしの手に負えないわって手を離してしまう。そうすると、コンビニにたむろする寂しい子、行き場のない子が登場することになるんです。

親はいつも、子どもの先を心配して子育てしています。よかれと思ってあれもこれもと手を回してしまい、足元のわが子の表情が見えていない。子どもは、今の自分を見てほしいんです。今の自分を引き受けてほしいんです。今を生きてるんです。

先のことを憂えたら、たくさんの心配が出てきます。不審者、イジメ、事故…そしたら座敷牢に閉じ込めておくしかないのよ。だから、先に何があるか分からないけど、今をいっしょに生きてればだいじょうぶって思うのね。

やんちゃを絵に描いたようなあきちゃんは、去年、大学に入って、親子で挨拶に来たの。背も高くなって、立派になって。かっこいいねーって…、

「愛子先生、この子からもう目を離してもいいですよね?」

「もちろんよ。あなたずっと見てたの?」

「見てましたよ。だってこの子が卒園するときに、神経質でキレやすいから、道は外さないと思うけど、トラブルが続くと思う。だから目だけは離さないで、何かトラブルがあったら、あなたは謝り続けなさいって言ったじゃない」

お母さんはあきちゃんが何か問題を起こすたびに、菓子折り持って謝り続けたの。四年生を過ぎたときからその回数は減ってきて、中学では一つか二つだった。中学を卒業したらすっかりなくなった。お母さんはいつも謝って、でもあきちゃんのことが理解できなくて苦しんでいました。そして福祉大学に五〇歳のときに入って、今はスクールカウンセラーをやって

います。

「免許が取れる頃は定年じゃないの？」って聞いたら、博士課程まで取れば、定年はないんですって。片道三時間もかけて通い通したのよ。

そういう、手に負えない子を持ったからこその、親の人生です。お母さんは一生をかけていく仕事を見つけた。あきちゃんも某有名大学の教育学部。「暴れん坊のあんたが教育学部？」って笑ったんだけど、昔から言うじゃない、人生にムダはないって。あれもこれも、栄養にしようと思えばなるんです。

小さい頃にキレる子は、わたしは心配はないと思います。ストレートに出すエネルギーを持ってます。胸に溜めないで、自分をありったけ出せるってことだから。

いい子のほうが危ないって言ってるわけじゃなくて、この子はがんばらなくてもできるんだって軽く見ないでね。きちんとした子は、いい加減にやりなさいって言ったってできないんです。几帳面な人っていい加減なことできないでしょ？ でもきちんとやるって大変でしょ？ だから「偉いわね」って言っとけばいいのよ。それを、できるからって次から次へと要求しちゃうから、だんだん苦しくなって溜まってきちゃうんじゃない？

自己肯定ができない子ども

小学校に入ったとたん、〝いい子〟っていう言葉の中身が〝成績のいい子〟になってきます。成績のいい子が、学校の、親のいい評価を受けます。〝いい子〟は、社会的ルールを守れる子とかも含まれるけれど、いちばん親が気にするのが成績です。学校は勉強を教えるところだからそんなもんなのよ。そこに親や地域が乗っちゃうから問題なんです。

親はもしかしたら、そんなことは言ってないかもしれない。あんたのまんまでいいよって言ってるかもしれない。でも、それは、成績がちょっと上がると喜ぶお母さんの笑顔が物語っちゃうんです。

「成績なんて気にしない気にしない」って言ってるけど、口だけなのよ（笑）。

ちょっと点数が上がると、

「すごいじゃん、やればできるじゃん。だからやればいいのよ」って（笑）。

その顔を見れば、やっぱり成績がいいことが親の気持ちをつかむ要なんだって思っちゃいますよね？

ユニセフが二〇〇七年に一五歳の子どもを対象に実施した調査で、「自分が孤独である」と感じている子どもは日本が二九・八パーセント、断然一位だそうです。

「七〇点を取ればいいんだと思った。七〇点を取ったら八〇点が現れた。八〇点を取ったら九〇点。いったい、いつになったらいいの？」という子がいます。

多くの子が大切にされていないと感じているのです。

ずっと自己肯定感が持てなかった子ども、自分で自分をよしと思ってこなかった子どもが、どんどん追い詰められていくんですね。

東大の名誉教授で、現在は白梅学園大学の学長をなさっている汐見稔幸さんの著書『親子ストレス』の中に、

もしあなたが真面目に勉強をして、それでも学校の勉強が分からなかったら、それは次のどのせいだと思いますか？

一、自分の頭が悪いから
二、自分の努力が足りないから
三、先生の教え方が早すぎるから
四、そもそもこの学年でこれは難しすぎるから

小学校四年生から六年生までの調査で、日本の子どもの八六パーセントが、二、の自分の努力が足りないからと答えています。ちなみに他国では、三、先生の……がトップで、自分

以外に原因を持っていってます。

それから「あなたはなぜ勉強をするんですか？」という問いに対して、日本の子どものいちばん多くの答えが、

「いい学校に入るため」でした。

二番目が、

「勉強するとお母さん（お父さん）が喜ぶから」あるいは、

「お母さん（お父さん）がぼくの試験の点数を大変気にしているから」というもの。

切ないでしょ？

子どもの人権を守れない親

こんなふうに、どんどん子どもは、親と先生の圧力に本音の顔を見せなくなっていきます。特に母親は、子どものことが大事だから、かわいいから、愛してるから、心配だから、何でも知っていたいのよ。何でも知りたいあなたの欲が、子どもが自分にフタをすることになっていくってことなのね。

あなたのことを心配してるから、あなたを丸出しにしなさいっていう権利は、親にはないんです。子どもの人権をいちばん守れないのは親だとわたしは思っています。次に教師だと

思っていますけれど。

先日、小学校のＰＴＡに呼ばれてお話しに行ったときに、六年生の男の子のお母さんの質問がこうでした。

「わたしは息子が大事です。大事だからうちの子に何かあったら、すぐにちゃんと分かりたい。そして困ったときに解決してあげたい。だから知りたいのに、うちの子は何も言わないんです。忘れたって言うの。さらには怒り出してうるせえって。どうしたらいいんでしょうか？」

あのね、子どもは子どもで、子どもの人生を生きてるんですよ。全部あなたが見たくたって、幼稚園でも保育園でも、知らない人に託したときから、全部を知ることはできないの。

だいたい、立場を代えて考えてみて。

「お母さん、今日は何をして過ごしましたか？　あ、掃除ですか。掃除は掃除機ですか？ほうきですか？　お昼は何を食べましたか？　その後テレビ見たんですか？　ドラマですか？　筋はどうだったですか？　それを見てどう思いましたか？」って聞かれたら、

「うるさい！」って言うでしょ（笑）。

「もういいかげんにして！　わたしのことだからほっといて！」って言うでしょ（笑）。

言葉でいちいち、「今日何があったの？」って聞かなくても、子どもは体じゅうで話してる。遊びに行かないでウロウロしてたら、今日はイヤなことがありましたって言ってるんだから。

そういうときは、

「たまには買い物に付き合わない？」でもいいし、

「何か景気づけに好きなもの食べる？」でもいいですよね。

　親は口に頼りすぎ。

　言わなきゃ分かんないでしょ、じゃなくて、子どもの様子を見ましょうよ。そして一週間経っても元気が出ないときは、

「あんた何かあったの？　ちょっと話すと、人間ラクになるよ」って水を向けてあげる。

　それでもたいてい「いい」って言います。でも、もっと苦しくなるのは分かってるから、

「やっぱラクになったほうがいいんじゃないの？　文句言わないで聞いてあげるからさ」

　そうするとウワーッて出てくることがありますね。

子どもは子どもで生きてるんです。

人間、生きてるってことは、感じて、考えてるんです。子どもはもぬけのカラじゃないのよ。中身を注ぐのがあなたの仕事ではありません。ご飯をあげるのが、あなたの仕事です。ご飯をあげて、暖かい寝床を用意して、ちょっと変と思ったときにいたわられていれば、子どもは育っていきます。

　中学生に、

「いじめやトラブルがあったときに、先生や親に言うか？」という質問に、ほとんどが、

「言わない」でした。どうして？　と聞いたら、

「親は動きが早すぎる、先生は解決が浅すぎる」

親に言うと、すぐ先生に言う。先生はその解決が浅く、問題はもっと深くなる。だから言わない。インターネットとか、知らない人のほうが、的確なアドバイスが返ってくる、と言ってましたね。

契約上の〝お友だち〟

りんごの木では、保育の時間が終わってから、小学生の遊び場をやっているんですが、そこに出入りしてる一年生に、

「ねえ、〇〇ちゃんと仲よしだよね、友だちなんだね」って言ったら、

「えっ、違うよ、友だちじゃないよ」って言うのね。

「どうして？」って聞いたら、

「『友だちになろう』『いいよ』って言ってないから」

これは特別な小学生じゃなくて、その辺にいる小学生よ。友だちになろう、いいよって言った人が友だちなんだって。

「じゃあ、いっしょに遊んでるあの人は何？」って聞いたら、

「うーん、いっしょに遊んでるけど、友だちってわけじゃない」って言うんですよ。友だちは、契約関係になってるってことです。

さらに、今、小学生の子どもたちがいちばん恐れているのは、仲間外れです。すごく怖い。ひとりぼっちに耐えられない。五秒以上沈黙していられない。

つい先日、毎日新聞で〝今、中学生の生きる世界は〟という特集があって、何人かの専門家の方が書いてらっしゃったんですけど、わたしがいちばん引っかかったのは、「小学校卒業までに、わたしがわたしであろうとしたら、この社会で存在できない、と学びとっている」とありました。

身近な親にさえ自分を出すことができないのは、自分が受け止められた経験が希薄だから。自分が自分であっては社会に存在できないって、小学生のときからもう学んでる。ひとりぼっちが怖い。友だちさえいれば、たとえ契約上の友だちでも、友だちという一人がいてくれれば。それで自分をかろうじて支えてる。

もしわたしが今の状況で小学校に入ったら、わたしはキレます。今日いらしてる方のうちの五、六人はキレてると思います。

子どもが起こす事件の件数は増えていません。内容が変わってきています。二〇歳以下の子どもの自殺率は、日本が二番だったと思います。神奈川県では、ここ五、六年、二〇歳以下の子どもの自殺が、年間一〇〇人を下回ったことはありません。三日に一人、子どもは自ら命を絶ってるということなんですね。

これは、おとなに原因があると思います。何とかしなくちゃいけないです、わたしたち。

学校だけが人生じゃない

わたしは学校の成績はすごく悪かったの。

小学校の六年間で、自分で手を挙げたことは二度くらいしかないし、学校にわたしの居場所はないって思ってました。学校というところは、成績が良くて、活発な子がかわいがられる場所、先生はそういう子をひいきしてる、わたしはそういう先生も好きじゃないって思ってました。

それに全然勉強に興味がないわけ（笑）。成績表も当然、下のほうでまとまってて…〝一〟って普通はいい数字なのよ、トップが一でしょ？（笑）。

基礎学力基礎学力ってお題目のようにみんな言うけど、基礎学力って一体何？　って、自分のことを考えると思うわけですよ。当時は、学校に行かないって発想がなかっただけで、今だったら行ってない、不登校かもね（笑）。

遅刻も忘れものも多くて、忘れものは取りに行く時代だったから、取ってらっしゃいって言われるのが大好きで、一〇分の道を三〇分もかけて、日の当たる場所をのんびり歩いて、地域の人が「どうしたのー?」「わすれものー」って(笑)。

三年生のときだったと思うんですけど、母が学校の先生に呼ばれました。遅刻と忘れものだなって予想できた。で、帰ってきた母は、わたしに何も言わないのよ。

だんだんこっちが気になってきて、先生は何だって? って聞くと、

「たいしたことじゃないから、気にしなさんな」。

母はＰＴＡの副会長をやっていて、行動的ではっきりものを言う人でした。でも、わたしが学校に行くのがつらいのを知ってて、わたしにはそう言ってくれたと思うんです。

子どもに関しては、学校の価値観とわたしの家の価値観は全然違っていました。

わたしの居場所は家にあるって思ってた気がするんです。家があったから学校に行けた。地域に遊び仲間がいたから、ただ座ってるだけの学校に行けた。そして中学二年ぐらいから、だんだんものが言えるようになってきたんですが、それまでわたしはさなぎだったと思うの。まさかこんな人前で話をするようになるなんて、誰も思ってなかった(笑)。跳び箱がとべるようになったのは中学生から、泳げるようになったのだって高校生からなのよ。

人間は、ありのままの自分でいられる場所を持ったら、ちょっと窮屈な場所に行っても、自分をつぶしてしまうことはないんです。だから、学校へは行けます。黙って座ってることが苦痛ではあるけれど、行けなくなるほどの苦痛ではないんです。

不登校の場合は、行きたいけど行けない子が圧倒的です。

学校に行けなくなる子の多くは、玄関で時間がかかります。さらに、靴を履くのに時間がかかります。そして履けなくなります。履けないのは、行こうと思ってるのに行けないってことなんですから、行かなくていいと思います。体が行けませんって言ってるんだから、行かないのがいいのよ。そして、自分がたっぷり自分を取り戻せば、自分から出ていけるんです。行りんごの木には、不登校になって来ている子もたくさんいましたが、みんな自分から出ていきました。人間、疲れたら休むのよ。でも今の社会は、そういう人間性を持ってたらやっていけない社会なわけ。

今、不登校の数ってものすごいんですけど、そんなに大勢の子どもが学校に行けなくなるような社会、家庭、学校って変じゃないですか？

学校に行けさえすればだいじょうぶ、なんて思わないで、学校だけが人生じゃないさって思っちゃったほうがいいんじゃないかしら？

叱咤激励しちゃいけないってことじゃないのよ、迷ってるときは、背中を押したっていいのよ。だけど、靴を履けなくなったら押しちゃダメよ。

家に、学校に行かない子、不登校になった子がいると、近所の人とか同居のお舅さんとか周囲の目が気になって、無理をさせても学校に行かせてしまうっていう人も多いと思います。でもね、それはあなたの試練です。あなたは何を大事に生きていきたいんですか？　とわたしは思います。

「そうは言ったって…」というあなた自身が、周囲の評価を大事にしてる人生を選択してるってことじゃないでしょうか？

子育ては自分を突きつけられることです。それをはぐらかさないで考えていくと、自分も大きくなります。

おとなになってからですが、父はわたしにこう言いました、

「どこの国でも生きていければいい」

「結婚して幸せになる人もいる、不幸せになる人もいる。結婚することが大事なんじゃない、自分に納得がいく人生をつくっていきなさい」

おかげさまでわたしは、自分を大事にすることを知ってた気がするんです。

言葉は心の表現であるべき

この夏、りんごの木OBのサマーキャンプがあって、一二〇人の子どもが集まりました。OBのキャンプは毎年やっているんですが、最近感じたことは……子どもの「ありがとうございました」が圧倒的に多くなりました。何かをしてあげると、自動的に「ありがとう」って返ってきます。挨拶が上手になっていると思います。

これは小学校では今〈規範意識を育てる〉という目標を持っている効果かもしれません。

規範意識っていうのは、約束や校則を守る、ルールを守れる、守ろうとする子どもに育てるってことですね。

たとえば一年生は、朝の挨拶と片付けが課題です。学校ではきちんとした子どもに育てるために、「おはようございます」「ありがとう」と言えるように指導をしている。

でも、それは子どもの心の中には入っていないとわたしは思うんです。挨拶はきちんと返せるけれど、

「ちょっとこれ誰か持ってて!」

「助かったよ」

「うれしかった」

こういう、心が動いている言葉になっていない気がするんです。

先ほどの、公園でのやりとりが典型的な例ですよね、

「これはお友だちのよ、貸して、よ。か、し、て」

一生懸命親が仕込みますよね。つきっきりで。家で練習してから公園に行くって人もいるのよ。だから「かして」は、人のものを取るときのセリフになってるわけ。奪われた相手が泣くと、

「かしてって、いったもん!」って返ってくる。

砂をかけちゃったりして、相手が泣いちゃったら、

「ごめんなさい、は？　ごめんなさいでしょ！」

子ども同士は、あそぼって言わないでしょ？　でも、

「いれて、は？　あそぼ、は？」と、人間関係をスムーズにするための言葉を、小さい頃から仕込んでいる。

それは心を離れた記号を教えてるんです。一歳の頃からそれをやっていて、小学生になってもそんな教えられ方をしている。

どこで自分の心を感じたらいいんですか？　心の声を出したらいいんですか？

人間は四歳ぐらいから言葉で思考するっていうことが始まって、気持ちを言葉で表現することを覚えていきます。

初めは、自分の思いは言葉じゃなくて体でぶつかってるわけ。さっきのてっちゃんみたいにね。思ったことを出すことが大事なんです。相手が泣いちゃったら、あー、泣いちゃったって感じることが大事なのよ。

「バカなんて言っちゃダメ」っておとなは言うけど、言っていいんですよ。言った相手の反応が面白かったり、泣いちゃったりして、子どもが一つひとつ覚えていくわけで、そのときに、言葉で人を傷つけてはいけない、言葉は人とうまくやっていくための技、なんて思ってしまったら、気持ちをうまく言葉で表現できるようにはなりません。言いすぎた、傷つけちゃったと思ったら、後から「ごめんね、さっきは言いすぎちゃった」って謝ればいいのよ。これは

まさに体験でしか得られない。

あるPTAの研修会に呼ばれたときのタイトルは〝豊かな心の表現ができる言葉を育てるためには〟でした。でも言葉だけなんて育ちません。後悔したり、反省したりして初めて言葉って磨かれていくものです。無傷では光らない。いろんなところでいっぱい怒られたり謝ったりして、そんな経験を積んで、おとなも子どもも言葉が育っていくんです。

人間は言葉を持っている優れた動物。言葉を持つと分かりやすく、意思の疎通がしやすいです。でも、それは心が磨かれて、その心の表現として言葉を持っているんじゃないでしょうか。おとなは、子どもに、心豊かになってほしいと思います。でも、形ばかり押し付けているような気がするんです。

うちの卒園生が小学生になったとき、

「あのね、小学校は、ケンカはダメっていうんだよ。体のケンカはダメなの。口でならいいの。口でなら」

わたし、文句があるわよ小学校に。わたしが最初に出した絵本が『けんかのきもち』って本なんですけど、これは課題図書になって、よい絵本にも選ばれて、別に選んでくださいって頼んだわけじゃないんだけど、全国の小学校と図書館に置かれてます。これは実話で、実際に男の子がケンカしたときの話です。

小学校では、本を置いとくからケンカはするな、ケンカは絵本で学べってことかしら？

とにかく、口でならいいんだ。

「じゃあ、やってみようか」って、消しゴムを取ったってことにして、その子と口ゲンカ始めたの、

「返してよ」

「返さない。だってこれ、わたし、ほしいから」

「あんたはあんたで買ってもらえばいいでしょ！」

「こんなにもってるのにくれないなんて、すごいケチ！」

わたしも絶対負けないってやってたからね（笑）。二人とも迫真の演技なのよ。だんだん周りに人が集まってきちゃって（笑）。

それで分かったのは、口ゲンカは長い。勝ち負けがなかなかつかないのよ。最後はどうしていいか分からなくなってきちゃうの。そして終わった後に、イヤな感じが残った。

子どもの体のケンカは、気持ちをストレートに外に吐き出すための手段です。子どもたちの間では、泣いたら負けっていうルールがあるのね。だからシンプルだし、力で勝ったほうが明るい顔をしてることは、めったにありません。負けたほうは、ありったけやって負けたって爽やかな顔をしてることが多い。

それから、ケンカできる相手は、ケンカした後、修復可能な相手なんです。だから兄弟ゲンカがいちばん多い。仲よしがいちばん多いんです。相手を憎んでいることではないんです。

おとなが子どもに、体はダメ、口ゲンカはいいって決めたときから、子どもは言葉をナイフのように、どんどん研ぎ澄ませてきたんだと思います。

今や「ウザい」「キモい」は標準語。「殺してやる」も簡単に出てきます。いかに相手の心に刺さる言葉を発することができるか、が、ケンカに勝つための手段です。

こんなふうに、学校やおとな社会の中で、子どもが強いられていることは、心を豊かにすることとはほど遠いことになっていると思うんですね。

取り替えのきかない親子関係

今、わたしがいちばん心に引っかかってるのは、子どもを愛せない親のことです。かわいくないっていうのはいいのよ。かわいいっていうのは、心にゆとりがあるときに生まれる感情なんです。第一子の場合は特に、ゆとりがないから、必死で育ててるから、かわいいという感情が芽生えにくいんですよ。だいじょうぶよ、「うちの子かわいくない」と思ったことがない人なんてまれですよ（笑）。

叩いてしまうことも、いいとは思いませんけど、思わず叩いてしまうのはアリでしょう。もうどうしていいか分からなくなって、「何やってんのよー」って、それはアリだなとわたしは思ってるんですけれど、決していいことではないんだから、後で懺悔しましょうね。

「怖かった？　やりすぎちゃった、ごめんね。あなたを嫌いなわけじゃないんだよ、大事なんだよ」って。ありがたいことに、これで子どもはチャラにしてくれます。

　叩いて子どもをしつけることはできません。そういう時代もあったかもしれないけれど、しつけてるんじゃないです。叩かれると怖いから、親の思うようになるだけです。叩くことがしつけになるとはわたしは思っていません。

　だけど、子どもを愛せないっていうのは、つらいなと思うんですね。子どもを産んだことを後悔しながら、毎日の仕事として、義務として、ご飯だけを食べさせていく。これは親も不幸だけど、子どもも不幸です。

　どうしてそうなっちゃったかというと、今までの自分の生い立ちとか、不幸なことが、胸の中にあると思うんです。そして、子どもを育てていくときに、自分の子どもの頃を思い出しちゃうのよ。そうするとそれがつらかった人は、子どもを手放したくなっちゃうの。

　自分の育ちは変えられないんです。虐待を受けた人もいるし、あやされなかった人もいる。それが〝世代間連鎖〟と言われていて、つながっていくと言われているけど、わたしは、連鎖は断ち切ることはできると思うんですよ。

　わたしは親に愛されたんだろうか？　そこが引っかかってると思うのね。だから、子育てをしていて苦しい人は、自分の口から出すこと。他人に出すこと。一度出して虫干しにしましょう。そうすると、水分が蒸発して、重かった石が軽石になるのよ。育ちは変えられないけれど、胸の中のおさまりはよくなるんです。

逆のパターンもあります。子どもが親を愛せないってわけです。わたしの友だちも、小さい頃、親に虐待を受けていて、親を愛せなくて、その親が年をとってボケたの。ボケても彼女は許せなかった。どうしても親のオムツを替えることができない。そしてお金で済むならって老人施設に入れて、「わたし、お母さんのことキライって言っていい？」って言ったのが五〇歳のときでした。

そのお母さんが施設で亡くなって、彼女は今、お母さんの遺品に埋もれてます。遺品を捨てることができないんです。その中にチマっと、自分の居場所を探してる。

いちばん大事なのは、親子の絆、取り替えのきかない親子関係だとわたしは思ってるんです。親子の絆を捨てない覚悟、子どもにしたら捨てられない安心感を持てること。そのポイントを濁すようなものは、あきらめなさい。ぜんぶ捨てちゃいなさい。わたしはシンプルな子育てをお勧めします。

至らない話ですけど、そんなふうに思っています。いろんな人がいて、いろんな人がもうちょっと生きやすい社会にしていきたいなあってつくづく思います。

成績が大事、いい子が大事、人に迷惑をかけないことが大事って子育てしてる。皆さん追い詰められているっていう自覚はないかもしれないけれど、かなり追い詰められた社会状況だとわたしは思います。

いい子が評価を得て、いい子じゃない子が外されていく社会ね。子どもって、うるさいもんさ、迷惑をかけるもんさって言えなくて、どうして子育て支援のお金ばっかり出すんでしょう？　子どもは親だけでは育てられないんです。

一人ひとりがいとおしい命、みんなが子どもを宝って思える社会にしていくことを覚悟しなければ、今の状況はよくならないって思ってます。

ちょっと声をかけてあげること、ちょっとしたつなぎをやってあげること、そんなことが今のわたしにできるかなって思います。多様な価値観の中で、多様な人が気持ちよく生きていける、そんな国になったらうれしいですね。

今日はどうもありがとうございました（拍手）。

ころりん村にて　その三

再び〈心に添う〉ってどういうこと？

先日放送された、NHK教育テレビ『すくすく子育て』をご覧になった方、いらっしゃる？　あ、見てくれた？　ありがとうございます。

知らなかった？　お知らせすればよかったのかもしれないけど、「わたし、テレビに出るの、見て見て！」って言うのもねえ（笑）。

去年も出たのよ。去年のは知らなかった？　わたし、去年の放送を見て、「えーっ、わたしってこんなにシワシワだったの？」って、すごくがっかりしちゃったんですけど（笑）。

でね、今年はアナウンサーの方のヘアメイクさんも来たから、わたしもお願いできない？　って言ったら、ダメなんですって（笑）。ちょっと直してくれるぐらい、いいじゃん（笑）って思ったら、違うのよ。素人にメイクすると、自然な表情じゃなくなっちゃうんですって。だからダメなんだって（笑）。だから今年もシワシワのままなの（笑）。

カメラがいると、子どもたちはいつもよりちょっとおとなしかったわ（笑）。

番組タイトルは〝柴田愛子の「ちょっと待つ」のススメ〟。

最初にこのお話をいただいたときのテーマが、「待つ」だったの。わたしは、「親は待てません」って言ったのよ。

普通は待てない。かつて親だった年配の方たちは、昔は待てたかのように言うけど、当時は家事が忙しかったから、待ってたんじゃなくて放っておくしかなかったの。ケガしなきゃまあいいかって見逃せた。

今は住宅事情も変わり、少子化もあって、親が子どもと同じ空間にいることが多いでしょ？ 親が子どもを見つめている時間が昔に比べてすごく長くなってる。そんな状況で、ずっと子どもを見ていながら待ってるか？ って言われたら待てないですよ。よっぽどぼーっとしてる人だったら待てるのかもしれないけど（笑）、普通は待てませんよね。だから、「待つってテーマは無理だと思います」って言ったの。

「じゃあ何がいいですか？」

「あきらめる。子どもが何度言ってもそうしてくれないならあきらめる。子育てのテーマはあきらめです」

「あきらめるっていうのはタイトルにはちょっと…」

「じゃ、目をそらすってどうですか？」

よっぽどのことがあったら、子どもは泣いたり、親のほうに逃げて来たりするから、あまり見続けていないほうがいい。

でもその二つとも却下だったの（笑）。

じゃ仕方がないって「ちょっと待つ」で妥協したんです。「ちょっと」を入れたのね（笑）。

収録の際、さっきの「あきらめる」と「目をそらす」っていうのも話したんです。でも、そこはカットされて放送されなかったわ（笑）。何回も来て、テープをいっぱい録っていったんですけど、どこを放送に使うかはわたしには分からないの。

〝しつけ〟という名の調教

番組が放送された後に、視聴者からの反響がいちばん大きかったのは、わたしが三歳の男の子にお弁当を食べさせてる場面だったようなんです。

その子は普段から食が細い子で、食べることにあまり興味がないんですね。そのときも、お弁当を半分ぐらい食べて、イスの上に立ち上がっちゃった。わたしはそばでいっしょに食べてて、その子はまだ本当は食べられるけど、スプーンを使うことに疲れちゃったから食べるのやめちゃったんだわ、と思って、イスから降ろして「あーん」って食べさせたんです。わたしはすごく自然にやったことなんだけど、みんなそれにびっくりしちゃったらしいの。

自分で食べてなくて、しかも立っているのに、食べさせちゃってる、〝しつけになってない〟あんなふうにしていいの？　って、番組のほうにお電話やメールをいただいたみたいなんです。司会者の方も後から、あそこはちょっと引っかかったってお話をされてました。

わたしは、彼はまだ食べられるけれど、手の機能がまだ未発達だから、スプーンを使うことに疲れてやめちゃったんだな、と思ったんです。それでわたしが食べさせた。だから「あーん」して三口目に、彼は自分でお弁当箱にフタをして、もういらないって意思表示をしてますって解説したんですけど、手が疲れちゃったってことにピンとこない人もいたようでした。

でも、三歳のときに食べさせてあげたからって、自立心が阻まれるわけじゃないとわたしは思うのね。毎日毎日、

「自分のことは自分で！」

「残さずちゃんと最後まで！」

「座って！」

「ごちそうさまは！」

こんな感じでリキんで、三歳までにしつけなければって強迫観念にとらわれてる若いお母さんが多いんですけど、「あーん」って食べさせたから自立心が育たない、なんてことはないですよ。

わたしは〝しつけ〟っていうのは、その子が周りの状況を見て、これは恥ずかしい、とか、嫌われちゃう、とか、マズいかも？　と、客観的に自分を見られる視点が生まれてきてからでも遅くないと思うんです。

状況を判断して自分をコントロールできるようになるのは、五歳以降と言われてるんですが、たとえば四歳を過ぎると、スプーン持つの疲れちゃったから食べさせてって子はいないのよ。お弁当の時間にウロウロしちゃう子もいなくなるの。だから、やがて身につくことは、人生八〇年もあるんだから、後からでもいいと思うんですね。

二、三歳ではまだ、言葉で自分の感情を表現することができない。この状況で何と言っていいのか分からないから、持つのが疲れちゃったからお弁当食べられないなんて言える子はいないですよ。だからこちらが様子を見ていて、ああ、スプーン持つの疲れちゃったんだね？って判断して、もっと食べられそうなら口に入れてあげればいいじゃない？

まだ三歳なんだもの、いずれできるようになりますよ。でもそういうことを許さないで、きちんと！きちんと！って毎日繰り返せばできるようにはなると思うけど、それは調教と同じで、子どもはわけが分からないまま、お母さんが怒るからやっているにすぎない。

それでもお母さんやその家の人にとって大事なことだったら、がんばってしつけていけばいいですけど、食事、歯磨き、着替えと、一日に多ければ多いほど、子どもは苦しいです。そしてそれがそのまま身につくかというと、子どもの力が親よりも強くなったとき、調教されたものははじいていきます。決して一生ものではないと思うんですね。

だから、後からでも間に合うことは、小さいうちに苦労してしつけなくていいんじゃないの？

それが「あきらめ」ってわたしは思ってるんですけど、それは放送されなかったわね（笑）。

頭で考えすぎる子育て

今、「食育、食育！」って騒がれていて、日本中どこの地方に行っても、〃食育〃って言葉を知らない人はいないわね。こんな恵まれた時代に何で〃食育〃って言うようになっちゃったの？　気になって調べてみたら、〃食育〃って明治三一年に石塚左玄という人が使ったらしいの。その当時は栄養素が二つしかなくて、三つにしたいという話で、反対派も大勢いたそうよ。すべては食べることから、ということで使ったみたいです。

今はひと言で〃食育〃っていっても、食文化を指してる人も、栄養のバランスを指してる人も、食べものがどうやってできてるかを教えるっていう人もいる。いろいろなのよね。

先日講演に行ったところで、二歳ぐらいの子と赤ちゃんを抱えてて、元気がなくて、とても疲れてる顔をした人がいて、

「あなただいじょうぶ？　育児が毎日大変？　実家へ帰って休めるならそうしたら？」

「この前も帰ったんです。でも自宅に戻ると寝られなくて…」

「何がいちばん大変なの？」

「ご飯をつくるのが大変です」

「じゃあご飯を一日二回にして、寝るのね」

「えっ？　二回でいいんですか？」

「だいじょうぶよ、生きてればいいんだから」

「でも、ちょっとそれはできません」

「じゃ、おにぎりつくって置いといて、自分は寝たら？　子どもは生きようとする本能はすごく強いから、お腹がすいたと思ったら勝手に食べるわよ」

「でも、下の子の離乳食が…」

「離乳食なんて、歯がなくて噛めないからって話なんだから、わざわざつくらなくても、あなたが噛んであげれば？」

「そんなことすると虫歯菌がうつります」

「じゃ、お皿の上で潰してあげれば？」

　恵まれた時代で、食べるものもたくさんあって、情報もいろいろ入ってきて、みんな〝正しいことをきちんと〟やろうとしている。それが生活そのものを脅かすことになってるんですね。

　また別なお母さんは、

「子どもが食べてくれなくて、どうやったら食べてくれるんでしょうか？　何とか食べてくれるように、毎日七種類のおかずをつくってるんですけど…」

　すごいわね。七種類よ。わたしにつくってほしいわ（笑）。

「子どもが食べないならつくらなきゃいいのよ。自分が頑張ってつくるから、子どもが食べないと腹が立つのよ。毎日こんなにあなたのために、自分の時間を犠牲にしてつくってるのにって。頑張りすぎないで、つくるのやめたほうがいいわよ」

子どもは自分が生きるために必要な量は、どうやっても口に入れる。食が細くて餓死した子はいないのよ。江戸時代は一日二食だったし、戦争中はおいもしかなかったけど、何とか生きてこられたでしょ？ 今は子どもがお腹がすく前に、ご飯の時間がやってきて、好き嫌いなく食べることが義務みたいなのよ。みんな何だか、頭で考えて子育てしてると思うんです。

まず頭で、栄養は何が大事か？ って考えて、いろいろつくって、それから食事のときは肘をつかない、よく噛んで、あれも食べなさいこれも食べなさいって言ってる。

でも、肝心の、子どもがおいしそうに食べてる？ とか、箸の上げ下げが重くない？ とかを見ていない。子どもを見ないで、頭と口で子育てしようとしてるって気がするんですね。

そこへ、牛乳がいい、いや悪い、野菜を一日何種類は摂りなさい、ビタミンはどうの…っていろんな情報が入ってくる。主食は摂らなくてもおかずはたくさん食べなさいって人もいれば、粗食のすすめって言って、ご飯と味噌汁とおしんこだけで栄養のバランスは十分とれてるって人もいる。そのいろんな情報のどれがいったい正しいのか、確かなのか分かりたい、分かりたいから弱いのよね。

子どものことになるとなおのこと、ちゃんと育てたいって思えば思うほど、情報に流されて振り回されてしまう。自分の中で、確かなことが分からないから。

振り回されてもいいと思うんですよ。これが確か、これだけは絶対っていうことはないんだから。シイタケがいいって言われたらシイタケに走って、キャベツがいいって言われたらキャベツに走って、飽きたり、無理だわとか、ムダだわって思ったことはやめる。そうやっていけば、人生、何とか暮らしていけるわよ（笑）。

これって、変かしら？　人間は本能的に生きようとする力はあるんだから、こんな感じでいいんじゃない？　何だか、いろんなことを、頭で考えすぎてる、口で育てようとしすぎてると思うんですね。

正解はいくつもある

わたしは、りんごの木を立ち上げる前に、通算すると一〇年、幼稚園の先生をしていました。正しい幼児教育をしてきちんとした子どもを育てよう、いい先生になりたいって燃えていました。では正しいことって何なのか？　いいことっていったい何なのか？　ってなると、経験がないから、自分の中に答えがないんですよ。

で、研究者の話を聞いたり、大学の講義を聴講したりと、子どものプロ、ベテランと言わ一生懸命勉強をした人たちに耳を貸し、データを目にしました。一生懸命勉強をしたんですね。ところが、勉強してたどりついたところに、正解はなかった。

三〇年前は母乳よりミルクのほうがよかった。今はできるだけ母乳でって言われてますよね。正しいと言われていることは時代によって変わる。流行もある。人間には分かっていない部分、解明されていない部分が山ほどあって、分かっていることのほうが少ない。たとえば、どうして右ききと左ききがいるのか？　ってことすらまだ分かってないらしいのよ。右ききと左ききがあるのは、霊長類でも人間だけなんですって。それから二つあるもの、耳や目も足も、きき足とかあって、手は右ききでも足は左とかバラバラで、右脳が発達してる人は右ききと言われているけれど、それも定かではない。立証はできないんですって。

専門家ってひと口に言っても、いろいろ細かい専門の対象があって、人によって言ってることが違ったり、研究をしている人も、その研究途上のことを発表しているにすぎなくて、それが正しいとは言い切れないってことなのね。

そしてわたしがたどり着いた結論は、幼児教育に正しいものなんてないってこと。一〇年お勉強して分かったのは、おとながどういう子を育てたがっているかってことだけです。社会がどういう子を望んでいるか、おとながどういう子を評価しているかということはよく分かった。だけど、肝心の子どもはどう？　って思ったんです。

生きている、肝心の子どもに耳を傾けてなかったな、と気づいたの。そこで、子どもをよく見てみよう。今までおとなに耳を貸してきたけど、今度は子どもに耳を貸してみようって思ったんです。でも、子どもは言葉で表現できないから、子どもをよく見て、こちらが推察するってことになるんですね。一人ひとりの子どもを、この子どういう子？　って、よく見てみるってことなの。

たとえば、泣いてる子がいて、どうしたのかしら？　って見に行くと、悲しくて泣いてるときと、怒って泣いてるときとありますよね。体調が悪くて泣く、甘えて泣く。泣くというのは生まれ持った表現方法なんです。子どもは感情と表現が直結してるから、すぐ泣けちゃう。でも感情と言葉はまだ直結していませんから、思っていることが言葉で表現できないのよ。

「オモチャとられちゃったからケンカになってぶたれた」

こんなふうに説明できる子はめったにいませんよ。それを、

「どうして泣いてるの、言ってごらん」

これって、「わたしはあなたが泣いているだけでは分からない。あなたが泣いている理由をわたしはきちんと分かりたい。もしかしたら解決してあげられるかもしれない。だからわたしが分かるように言葉にしなさい」って言ってるわけでしょ？

これじゃ主役は完全におとなのほうですよね。こちらに分かる形にしなさいって言ってるわけだから。偉そうでしょ？

泣いてる理由を分かりたいのは山々だけど、子どもには子どもの感情があって泣けちゃってるんだから、そのときに理由を聞いたって返せないですよ。だからとりあえず、

「怒ってるんだよね?」

「悲しかったんだよね?」

あくまでも推測の領域を出ないけれど、子どもがこう感じているかもしれないことを、言葉に出してみる。共感してそばにいることなのね。

子どもには子どもの〝つもり〟

四歳でりんごの木に入ってきた、そうたつ君とこなつちゃんという双子がいます。ある日、お母さんに送られてきたそうたつ君は、泣きながら駅に向かって走って行っちゃったんです。それを保育者と他の子が追いかけて行ったんだけど、そうたつ君は、

「ウワーン!」って泣きながらひっくり返ってた。わたしも走って行ってみたら、彼がものすごく怒ってるのが分かったの。で、みんなを園に帰して、

「そうたつ、怒ってるんだよね、腹立つんだよね?」

「そうだよ、まゆみに!」

まゆみっていうのはうちの保育者です。まゆみが何をやったのかは分からなかったけど、

まゆみが何かやったんだね、まったくまゆみの奴めってそうたつ君に同調してた。そうしたら落ち着いてきたんですね。子どもって分かってくれる人がいると落ち着くんです。

「まゆみがムリヤリぼくをママからもぎとった、ぼくはママにだいじなおはなしがあったのに」

「そうか、まゆみはイヤな奴だね、お話があったのにね、そりゃ怒るよね」

そんなことを言って、少しおさまってから、

「じゃあ、お話があるなら、電話をするのはどう?」

「いいよ」

「じゃあ、お部屋に行って電話しようか?」って立ち上がろうとしたら、普段、そうたつ君とはいっしょに遊ばないこなつちゃんが、そうたつ君が泣いてる間じゅう、ずっとそばに立ってたんですけど、わたしの手をそっと握ってきたんです。

こなつちゃんは警戒心が強い子で、わたしから触れたことはないし、向こうからも触ってきたことはないんですけど、そのこなつちゃんが自分からわたしの手を握った。それは、そうたつがこんなになっちゃいました、よろしくおねがいしますってことだと思うのね。

子どもの場合、手はものすごくものを言ってるんです。言葉という表現を持たないということは、他がすぐれてるのよ。お友だちになりたいっていうときも手を握ったり、お母さん

にも、ママおててって言うでしょ？

じゃあ電話しようねって、片方にそうたつ君の手、片方にこなつちゃんの手を握って歩いていって、

「わたし、そうたつの家の電話番号知らないけど、知ってる？」

「えっ？　ぼく、しらない」

「こなつは？」

「しらない」

「じゃいいよ。りんごの木に帰れば分かるでしょ」

そして園のすぐ前まで来たとき、こなつちゃんが、

「そうたつ、ママにおはなしがあるって、どんなおはなしがあるの？」

「えっ？　だいじなおはなしだよ」

「だいじなおはなしって、なあに？」

「…もういい」

そしてそうたつ君は走って遊びに行っちゃったんですね。

そのあと、まゆみさんも呼んで二人で話をしたんです。

「まゆみ、どうしてそうたつをお母さんからムリヤリもぎとったの？」

「そうたつのお母さんは、今日はいつもと違う格好をしていて、出かけるのかしら？　と思っ

て、急ぎますか？　って聞いたら、はいって言ったんです。でもそうたつはグズグズしてて、こうなるとそうたつは長い。だからムリヤリになっちゃったんです」

でも、それはお母さんの〝つもり〟。そして保育者の〝つもり〟。

肝心のそうたつ君の〝つもり〟には、全然耳を貸してない。

確かに、子どもは先を見ていなくて、今だけを生きてるから、子どもの言うとおりにしてたらことは運ばないです。でも、子どもには子どもの〝つもり〟があるってことは、分かってないといけないと思うのね。

「そうたつ、泣きたいだろうけど、お願い今日はゆずって！」って、まゆみさんが言えばよかったと思うんですよ。

おとなは強者、子どもは弱者で、特に母親は強者なんです。強者が自分の思いどおりにしていく子育ては、子どもはしんどいですよ。子どもは親に捨てられると生きていけないという危機感を持っていますから、たいていのことはゆずってくれます。でも、それはゆずっているだけで、子どもには子どもの思いがあるってことなんです。

お母さんがいつもと違う格好をしてる、どこかへ出かけるのかも？　ってことが、わたしたちにも分かるんだから、子どもなんか百も承知よ。だからグズグズになっちゃうの。でもお母さんと保育者の〝つもり〟だけを優先してしまった。

まゆみさんが、

「そうたつはどうしたかったの?」って聞いたら、

「ママとおはなししたかった」

「何のお話?」

「だいじなおはなし」

「大事なお話って何?」

そこまでまゆみさんが突っ込むと、そうたつ君は、

「…もうちょっとママといっしょにいたかった」


子どもはちゃんと生きてます。

はたからは見えなくても、一生懸命考えたり、感じたりしています。

子どもの心に添うってことは、子どもをよく知ることだと思うんです。親がどう育てたいかっていう以前に、子どもが感じたり、考えたりしていることに目を向けるってことだと思うのね。それが〈心に添う〉ってことなの。

子どもは、表情を見てます。言葉に頼らないから、子どもには子どもの気持ちが、言葉で解説しなくても分かるんです。

りんごの木には障がいのある子もいっしょにいるんですけど、ある日、ダウン症でまだ言葉が出ない子が、一人でイスに座ってて、何だか寂しそうだと思って声をかけたら、噛み付

かれちゃったの。何よ、声をかけてあげたのに失礼ねって怒ってたら、他の男の子が、

「キゲンのわるいときに、こっちゃんにちかづくからだよ」

「えっ？　今、こっちゃんキゲン悪いの？」

「きょうのきゅうしょく、こっちゃんのきらいなものだったんだよ」

言葉はなくても、いっしょにいる子どものことをわたしより分かってる。

子どもは親の表情も見てます。言葉なんかではごまかされません。弱者は強者を見てるってことなの。お母さんが真剣に怒ってるか、いちおう言ってるだけかをちゃんと分かってるし、怒るパターンも知ってる。

小学生になると、お母さんが疲れてるときは近づかないって言いますよ。表情、声のトーン、顔色を見ていて、今日は甘えていい日、今日はダメってよく読んでる。

子どもの心に添ってみたら、子どもの気持ちが見えてくる。たとえ気持ちが分からなくても、添ってみることで、子どもが落ち着く。ムリヤリおとなの路線に引っ張ってくると、すごい闘いになるんです。

「…うちの子は歯みがきがキライで、毎日嫌がって暴れます。わたしが押さえつけて歯みがきしてるんですけど、どうしたら毎日喜んで歯みがきするようになるでしょうか？」

「あなた、毎日喜んで歯みがきしてる？」

「いいえ、習慣です」

「でしょ？　習慣って、だんだん習慣になるのよ」

だから、子どもがむずがったら、ああ、やりたくないんだね、そんな日もあるさって言って、そんなにキチキチと育てなくてもいいと思うの。

子どものコミュニケーション

子どもとおとなって違うんです。

何が違うかって言ったら、いちばん違うのはコミュニケーションのとり方です。子どもは言葉でコミュニケーションをとらない。表情や身体でとっているんですね。

三歳のりょうちゃんは、チョロチョロとよく動き回る子で、そのチョロチョロするのを、からだの大きなたかし君がおもしろいと思ったようで、近づいていってりょうちゃんの後を走り出したの。そこでりょうちゃんが方向転換したもんだから、二人はぶつかって、りょうちゃんがひっくり返っちゃって、

「ウワーン！」

たかし君はわざとひっくり返したわけじゃないから、ぼう然として突っ立ってるの。

「あー、びっくりしたよね、たかし君もびっくりしちゃったね」

そうわたしが声に出して、その場はおしまい。

子どもの気持ちはたぶんこうじゃないの？　ってことを、わたしが言葉にするんです。

その後も、たかし君はりょうちゃんが砂場で遊ぶのをじっと見ていたり、ちょっとちょっかいを出したりしてたけど、りょうちゃんは無視してたの。

そのうちに二人が滑り台で正面衝突しちゃって、またりょうちゃんが、

「ウワーン！」

「あーあ、またこんなことになっちゃったね」

それからお弁当の時間になって、食べた後、今度はりょうちゃんが砂場で、砂山のてっぺんに立ったんです。するとたかし君がシャベルを二つ持って、その砂山に登っていって、一本をりょうちゃんに差し出した。りょうちゃんはそれを受け取ったんです。

たかし君は、丸一日かけてりょうちゃんに「あそぼ」って言い続けたんです。そして最後にりょうちゃんに「いいよ」って言ってもらった。言葉には出してなくても、これが子ども同士のコミュニケーションなんですね。そのときから、二人はよくいっしょに遊ぶようになったんですが、それまではお互いの名前も知らなかったんです。

三歳のこばちゃんは、「なにしてるの？」と聞くと、心のシャッターがジャーと閉まっちゃう子なんです。

ある日、こばちゃんが四つんばいで歩いていたからわたしが、

「ニャア」って言ったんです。そしたら、

「にゃあ」って返ってきたから今度は、

「うじゃうじゃうじゃ」

「×~×#&△×~」

「□＊+$×##?・△~○!」

　何語でもない言葉でやりとりしてたら、子どもが集まってきて、

「○~%#%%?・$××」

「?・△!&~×○#○△!」

　子どもたちがいっぱい輪になってみんなで、

「××%!」

「○&?・?・>##」

「&~△%%×!」

「まだやってるんですか?」そう保育者に言われて、気がついたら　時間もやってたのよ。わたしはすごく楽しかったし、意味がないコミュニケーションで楽しくなることってあるんだなって思いました。こばちゃんはその日から、

「あいこさん」ってわたしに抱っこされるようになりました。

「公園でお友だちのオモチャを黙って使っちゃうから、家で〝かして〟を練習するんですけど、公園ではうまく言えない。どうしてですか?」

こういうことって、必ずと言っていいほどよく出る質問なんですが、〝かして〟ってね、それはおとなの価値観を押し付けているだけで、子どもの心は動いていない。貸し借りが分かってないからうまくいかないんです。

物の取り合いだって、立派なコミュニケーションなんですよ。「かして」「いやだよ」「やめてよ」って無言でやってるんです。使いたいっていうことを、物の取り合いを通じて相手に伝えてるの。言葉にできないその思いを、体で表現してるんです。どうしても使いたいと奪い取る。相手が何するんだと泣く。これで十分、お互いに伝わってるんです。

そこにおとなが入って、

「あんたが無理やり取るから泣いちゃったじゃない! かして、でしょ!」

相手のお母さんとおとな同士の関係があるから、自分の子どもに、

「ごめんなさいは? ごめんなさいでしょ!」って泣いてる相手に言わざるを得ない。それは分かりますけど、そういうときは親が「ごめんね」って言えばいいんじゃない?

子どもにも謝ってほしい人には、いっしょに、

「ごめんね」って言って、後から、

「何だかさっきあやまったのってイヤだったよね?」ってフォローしておけばいいと思うん

ですよ。
〝かして〟〝いいよ〟って、もうすっかりセットになってて、〝かして〟って言われたら貸してあげなくちゃいけないってことになってる。そういう記号のような言葉のやりとりが、未発達な者同士のコミュニケーション力を奪い取っていることがすごく多いと思うんです。

お家で、まだしゃべれない小さい弟に、「〝かして〟って言ってないから、かしてやらない」「〝いれて〟って言ってないからいっしょに遊んであげない」って意地悪するのは、自宅という安心できる空間で、今日やられたのと同じことを反芻して、意味や遊ぶ手だてを考えてるのかもしれません。〝いれて〟ってまだ言えない、まだしゃべれないのはもちろん分かっているけど、そうやって八つ当たりして、自分の気持ちを消化しているのね。

そんなときにお母さんが、「小さい子には優しくでしょ！」なんて言っちゃうと、今日あったことを捨てられなくなっちゃうんですよ。だから放っておけばいいんです。

六歳は五歳を、五歳は四歳をって、自分がやられたことを、小さい子にむかってやることで消化できる。いちばん小さい子はママーっていって保護されて、助けを求めるのが上手になり、だんだんたくましくなる。

お母さんも八つ当たりするときは、第一子にするでしょ？　そうして第一子は頼りになる存在になっていくのよ。第一子が第二子に八つ当たりし、第二子が第三子に八つ当たりし、第三子は泣いて保護され、こうしてうまく回ってるんじゃないかしら。

八つ当たりがあんまりひどいなと思ったら、お母さんが相手をしてあげたらいいのよ。

ムダなく効率よく傷つかず

コミュニケーションの他に、子どもがおとなと大きく違うところは〝好きなこと〟よね。棒が好きなのよ（笑）。どうしてああやって棒を拾うのかしら（笑）。

確かに、棒を持ってると強くなった気がするし、高いところに手が届くってことはあると思うけど、どこに行っても棒を拾うわよね（笑）。それを親が、汚いから、危ないからって止めてるけど、子どもだって誰かが棒を振り回してるところに突進していかないわよ、危ないもの（笑）。

それから水が好き。子どもに、

「雨の日って好き?」って聞くと、

「すき」って答えるのよ。

「どうして?」って聞くと、

「だって、みずたまりができるじゃん」

走るのが好きな子もいますよね。ついていくお母さんがへとへとになって、

「どうしてこんなに走るの？」

「だって、すきなんだもん」

とにかく好きなのよね。石とかどんぐりとかいっぱい拾ってくる子もいる。何で？って言っても答えられないわね。何となく好きだから、なんですよね。明確には説明できないのよ。ところが、おとなにはこれが許せないの。意味づけされていないとダメらしいの（笑）。

でも、たとえば誰か権威のある人が、

「…こういう意味があって、子どもは棒を拾います。棒の好きな時期をちゃんと体験させる必要があります」って言ったら、さっとお母さんはみんな棒を拾わせるのよ（笑）。

おとなだって、フリフリのブラウスが好きだったり、髪の毛は長いほうが好きで伸ばしたりするでしょ？何で？って言われても説明できないですよね。そういう自分のことはタナに上げといて（笑）、子どもは、汚いから危ないから棒を拾っちゃダメなのよ（笑）。

子どもは、ぼーっとしてることも許されないのよ（笑）。ぼーっとしてると、

「ぼーっとしてないで、何かやったらどう？」

「外に行って遊んでおいで」って言われるの。おとなはぼーっとしてるのにね（笑）。

好きとか、似合うとか、漠然としたものにはかなりの力があって、おとなだってそれをもとに行動しているのに、子どもにはそれを許さないで、ムダなく、効率よく、傷つかずに大

きくなってほしいと思ってるのね。何だか人間を育ててるんじゃなくて、緻密な機械でもつくってるような感じで子育てしてる。

先日、二、三歳児でいも掘りに行ったんです。四、五歳児は自分たちで畑でつくってるから、小さい組だけで行きました。掘ったおいもは自力で持って帰ることになってて、重いからって保育者に預けたらそれはもう自分のじゃなくなるよ、最後まで持てた分だけが自分のだよってことでみんなで掘ったんですけど、すごくいっぱい採ってくる子と、二、三本でもういいやって子がいるんです。いっぱい採ったけど、重くて持って帰るのイヤだからあげるって子もいました。

大きい一本を二人の女の子で掘ってて、出てきたときにどっちも譲らなくて、仕方なく半分に折ったりしたんですけど（笑）、ある男の子は細いのばっかり山ほど掘って、これでじいじの分も、お父さんの分もお母さんの分もある！　って（笑）。

山ほど採った子も、ちょっとしか採らなかった子も、小さいのや細いのだけを採った子も、みんな満足なんです。そしてそのままお家に帰したんです。量は違っても、おいもを掘って満足した、自分の気のすむように掘って採れたっていうことでは、みんな平等なんですよ。

ところが、気持ちはみんな平等でも、おとなの社会はそれを許さない。以前勤めていた幼稚園では、全員同じ教材費をもらっているからという理由で、掘ったおいもをいちど集めて、平等に分けてたのね。でもそれを見てる子どもは、「あれ、ぼくがとった」って覚えてるのよ。「ごめんね、ぼくが採ったけど、今日はあげようね」って。

おとなは形式上の平等を求めるけど、子どもにしてみれば、こっちのほうがはるかに不平等なんです。おとなは物理的に平等がよくて、子どもは気持ちの上の平等がいいのね。

子どもは今の自分の中に、評価の基準がある。自分がやりたいとかやりたくないとかね。でも、おとなは往々にして、他人の視線とか周囲のモラルとかが自分の基準になってる。そんなことしたら恥ずかしいよ、とか。自分がやりたいかやりたくないか、じゃなくて、周りによって自分を構成している。これもすごく違うところだと思います。

何がいいかは分からない

りんごの木では、毎年夏に卒業生のキャンプをやっていて、小学校一年生から二〇歳を過ぎた子も来るんだけど、今年七年ぶりに来た、とみたんって大学生がいるのね。お家が九州に引っ越しちゃったんだけど「東京の大学に入って、キャンプにまた来られるようになりました」って参加してくれたの。

小さい頃は、ケンカっぽやくて、だけど弱くて、鼻血を出してたこともあった。もうおしまいにしようよって強い子のほうが言ったのに、イヤだ、やめないって突っ込んでいく子だったのね。
そのとみたんが大学生になって、すごく穏やかな青年になって現れたの。

〝子どもの頃、自分はよくケンカをしてたけど、たぶん一回も勝ったことはないと思う。最初は二人の強い子たちから逃げてた。だけどある日、けっして強くないたくと君が、その子たちとケンカをしてた。負けそうなのに、あきらめないでいつまでもケンカしてた。それを見て、かっこいいなって思って、自分もケンカをしようと決めた。そして今、鼻血を出すまでケンカさせてくれたことを、とても感謝しています。あのとき、自分が思ったことをありったけ、とことんやったさわやかさを知りました。〟

子どもが何を拾っていくか、分からないわよ。たぶん、同じ環境でも、「どうしてあのとき助けてくれなかったの?」って思う子だっていると思うの。
だから結局、親はあけっぴろげのありのままの姿をぶつけていくしかない。子どもが何を拾って何を捨てていくかまでは、責任が持てないんですよ。ありのままのわたしはこうです、何か自分の足しになることがあったら、どうぞ拾ってってくださいって。言い換えると、親もちゃんと自分の人生を生きましょうよってことね。

この先、何がどうなっていくかは分からない、あなたの生き方はあなたが見つけていくしかない。でも、とりあえずわたしはあなたを大事に思っているし、何かあったときに帰れる場所は用意してあるよっていうことが、子どもに伝わればいいと思うんです。子どもにとってよかれと思って親がやっていることが、必ずしも功を奏するわけじゃない。こちらが全然意図してなかった部分を拾っていく場合のほうが多いと思うんです。

踏み込みすぎないこと

親って、愛情が深い分、おせっかいなんですよ。子どもが傷ついていることを見て見ぬふりはできないのね。

けいちゃんって子のお母さんが相談に来たんですけど、けいちゃんはりんごの木にいたときは、すごくおもしろい子だったのね。自信で輝いてる子だったんです。でも、卒業して学校に行くようになってから、担任の先生が几帳面な人で、けいちゃんは先生の指示にそのまま従わず、だから先生と合わなくてギクシャクしてるような感じなんです。

ある日、けいちゃんのお母さんが他のお母さんから、

「女の子同士が『今日はけいを何回ぶった、わたしは何回よ』って自慢話をしてたんですけど、けいちゃんはだいじょうぶですか？」

そう言われて、お母さんはそれはそれはびっくりして、いっしょにお風呂に入ってるときに、けいちゃんに、

「学校でぶたれたりしてるのかな？　何かつらいことがあったらいつでもお母さんに言ってね、お母さんはけいの絶対の味方だよ」って言ったんです。親としてはそれがベストだと思うでしょ？

ところがけいちゃんはものすごく怒って、

「何であたしが頑張ってんのにそういうこと言うの！　おとなはどうしてそう告げ口するの！　どうしてわたしが頑張ってることに入ってくるの！」って、お風呂から飛び出して、部屋に入って来ないで！　ってなっちゃったんです。

踏み込みすぎちゃったのね。

子どもは子どもで、自分の中で頑張ってるんですよ。まだお母さんの優しい手なんてほしくなかったんです。頑張っているときに、足をすくわれた思いですよね。

「お母さんが助けてあげるからね」なんてメッセージは、子どもは求めていない。親は分かりたいんですよね。子どもの心に刺さったトゲを、一つひとつ取り除いてあげたい。でもやっぱり、子どもは子どもで、自分を引き受けてるんです。トゲを取り除いてあげるわっていうのは、あなたにはそんな力はないよって言われたような気がするのかもしれません。

子どもは「助けて」なんて、親には言いません。言葉では決して出てこない。だから、子

どもの表情が暗い、声のトーンが落ちる、食欲がない、何か塞ぎがちだ、円形脱毛症になった、チックが出てきた。そんなふうに、体が「助けて」って言いはじめたら、「たまには学校休んでママとお買物に行かない？」とか、ちょっとやさしくして、先生や周りのお母さんに、うちの子の様子はどうですか？　って聞いたらいいと思うのね。

解決してあげようとおとなの側に引きずりこまないで、子どもはちゃんと頑張る力を持ってるってことを信じて、親は苦しいけどギリギリまで見てなくちゃならないってことなんです。子どもを自分のもののような扱いをして、侵入していったり、密着しすぎてしまうと、なお子どものことが見えなくなります。

子どもの心に添うってことは、子どもをもっと尊重してあげようよってこと。子どもの人生は子どもが主役ってことを、親が自分に言いきかせなきゃならない。おとなの側に引きずりこまないで、子どもの育ちをもっとゆっくり眺めてあげる。そして、何かあったときに、解決するのではなく、気持ちを推し量って添ってあげるってことなんですね。

わたしは、子どもの〈心に添う〉ってことを柱にして、子どもと向き合い、たくさんのことを学びました。大切なことは、子どもは自ら育つ力を持っていて、何かあったときに心に添ってくれる人がいることで、本来の自分を取り戻せて、自分から一歩踏み出せる、そのことです。

今まで、りんごの木には何人もの卒業生が戻ってきて、自分から出ていきました。わたしは何をするわけでもないのよ。ただ、あんたの居場所だから、いつでも帰ってきていいんだよって言うだけなのね。

人生いろんなことがある。何かあったときに帰って来られる場所さえ用意しておいてあげれば、あとはその子の人生、その子の能力。その子らしく生きていく人生を眺めていくより仕方ないじゃないですか。

誰もがあなたのままでいい

最近は、幼児のスパルタ教育が流行ってるようで、今まで子どもには優しくってしてたら、男が草食系になっちゃったから、今度は叱咤激励して、体育会系でバンバンやらせるっていう流れなのかもしれないんですけど、結構スゴいのが取り上げられてますね。

先日もテレビを見てたら、幼稚園のキャンプで、川に飛び込めって言われて、できなくて泣いてる男の子が出ていて、

「自分から飛び込め、勇気を持ってチャレンジしろ！　男になれ！」って言われてたけど、川に飛び込めたからその男の子は勇気を持てたかって言ったら、そうじゃないと思うんです。あの状況ではノーが言えなかっただけで、そんなことで、勇気とか自信には結びつかないいんじゃないか？　とわたしは思うのね。おとなの満足だけのような気がするんです。

男とは、勇気があって、堂々としていて、強くて包容力があって…だから、男の子にはそういう教育をって、でもそれは誰かがつくった理想の男性像であって、勝手につくられたものにハメこまれて育てられれば、確かにできるようにはなるかもしれないけれど、子どもは息苦しくなる。女だから料理がうまくて当然、縫いものができて当たり前っていうのと同じことよ。人に何かを強要されて自分を育てていくって、不自由だと思わない？

昔と比べて、男の人は確かに草食系というか、優しくなってると思うけど、子育ての手伝いもしないで、どんと座ったままの夫よりいいんじゃない？　男の人が優しくなった分、女が元気になってるじゃないですか？

男だから女だからじゃなく、男だって厨房に入っていいじゃん？　アウトドア派でなくてもいいじゃん？　メソメソしててもいいじゃん？　そんなに形にこだわらないで、自然のなりゆきじゃいけないでしょうかね？　学歴とか体力とか男とか女とかっていうことよりも、その人自身に魅力があるっていうことが大事なんじゃないかとわたしは思います。

これは声を大にして言いたいんですが、今の日本の子どもたちは、自分で自分をよしとする自己肯定感が本当に低いんです。家庭でも社会でも自分が大切にされていないことを感じながら生きているというデータばかりが目につきます。こんなにお金をかけ、手をかけ、愛情をかけているように見えるのに、子どもにはとどいていない。

「生きてればそれだけでいいよ、あなたはうちの大事な子」っていうメッセージをもらっていない。みんな条件付きの子育てなんです。特に「お勉強ができることが大事！」って。じゃ、何のためにお勉強するの？　いい学校に入るため、いい会社に入るため。それから、お父さんお母さんが喜ぶから。

子どもたちは条件をつきつけられて、あえいでいます。もういいかげん、子どもたちのタガを外してあげましょうよ。

それぞれの人がそれぞれの命を与えられて、自分らしく一生を過ごせたらそれでいいじゃないですか。立派ないい子じゃなくたっていいんじゃない？　どんなにお金をかけたって、どんなに口うるさく言ったって、子どもが育てられたことを喜べなかったら違うんじゃないの。ありのままの一人ひとり、それが集合したのが家族なのよ。

楽しかった話やくだらない話が出てきて、テレビを見てアハハと笑いあえるような家、地のまんまでホッとできる場所、それがわが家です。

職場では笑顔ができても、家の中で夫にニコニコ、子どもにニコ ニコできるお母さんっていないでしょ？　地のまんまだからよ。外では気を張ってるし、外ヅラもある。でも、家では地の顔。家でニコニコできなくたっていいじゃない？　疲れるから。疲れないわが家をつくれば、それが子どもを応援することになるんです。子どもだって、学校でいろいろあったから、家に帰ってきて寝っ転がっていたい日もあるのよ。

そして、子どもの状況を把握するために、うちの子の心の動きを読むために、ときどき子どもの心に添う。わが子の心が健康かどうかは、心に添って確かめる。子どもって、けっこう立派よ。そんなに肩ヒジ張ってきちんと子育てしようと思わなくても、ときどき心に添ってあげればだいじょうぶ。子どもはご飯をあげて、何かあったときに心に添ってくれる人がいれば、自分でちゃんと育っていきますよ。

長いお話になりました。ありがとうございました（拍手）。

ころりん村にて　その四

うちの子はうちの子らしく育てよう

今日も朝、寒いわねえ。こう寒いと子どももいっぱい着せられて来るんだけど、来ると脱ぐのよ（笑）。外に行くときも脱ぐの（笑）。

子どもは寒いと思ったら走るのよ。だからどんどん走って、どんどん脱いで、しまいにはシャツ一枚になってたりするんですけど（笑）、寒いときに暖を求めるんじゃなくて、自分の中で処理していく動物的な本能ってすごいなって思うんです。体の中に発電機を持ってるようなものね。

これがおとなになると、まずダウンを着て、よし行くぞって気合い入れないと外に出られない（笑）。寒くても外に出ていっしょに遊ぶのは楽しいって分かってるんだけど、おっくうになるのよね（笑）。

で、部屋の中を暖めておくでしょ、子どもが寒い外から入ってくる。

ドア閉めないのよ（笑）。

「せっかくお部屋が暖まってるんだから、ドア閉めて！」って、わたしなんか百万回ぐらい言ってるわよ（笑）。

でも閉めない。だからブツブツ言いながら、こっちが閉めにいくことになるわけ（笑）。

どうして閉めないんだろう？　どうしてできないんだろう？　ってずっと思っていたんですけど、今年ストンと落ちたのよ。動物だから、なのよ。

子どもって、小さければ小さいほど、動物的な本能が濃くて、感性と本能で生きてる。三歳ぐらいは感性のピークで、四歳ぐらいから人間っぽくなり、考えるようになって、言葉でコミュニケーションをとるようになる。

五、六歳になるとわたしたちよりすぐれた部分を持ち始めたりしますけど、人間の生活様式、暮らし方とか文化とかに馴染むまで、生まれてから一〇年ぐらいはかかるんじゃないかと思うのね。だからちょうど小学校の三、四年生ぐらいになると、ドアを閉めるようになるんじゃないかしら（笑）。それまでは無理だって、自分の中に答えが出たんです。

わたしね「三歳ぐらいまではサルだから」って言ってたら、ある保育園の先生に、「それは人間の子を侮辱してます」って言われて、あ、そういうふうに考える人もいるのねって思って、サルだサルだって言うのをやめてたんですけど（笑）、先日、世田谷プレーパークの天野秀昭さんと話してたら、天野さんが子どもをサルだって言うのよ。

「だって本当にサルだと思う」って（笑）。

そうよね。小さいうちはサルとしか思えない部分が多い。

イヌとかネコは、部屋に入れるけど、ドアは閉めませんよね？　器用なイヌがドアノブ開けられたりするけど、絶対閉めない（笑）。ネコ用の小さな窓がついたドアもあるけど、閉めないからよね？　小さい子どもも、まだ動物に近いから、入れるけど閉められないんだ、できないんだ。そう思ったらすごく納得できたの。できないから腹も立たないのよ。

できないことイコールあきらめる。そうすると、子どもに望むことが少なくなってくる。

望んでもできないことはあきらめるって、けっこう大事なことだと思うんです。

子どもの姿はこうあるべきだって絵を描いておいて、そこに近づけようとすると、親も子どもも苦しいけれど、まだ動物だから、サルだからできないんだって思ってあきらめると、あるがままの姿を、ああしょうがないねって受け止められるんじゃないかしら?

できないことはあきらめる

りんごの木では、週に一度、給食の日があって、野菜がいっさいダメなこうへい君が、給食の日になると暗くなって、休みたくなっちゃう。

「だっておひる、やさいがでるんだもん」。

だからみんなに、

「こうへいは木曜日になると、お昼に野菜が出るからこんな暗い顔になっちゃうの。どうしたらいいかな」って聞いたら、

「すきなたべものに、まぜてたべちゃう」

「オモチャをめのまえにおいて、みながらたべる」

「にんぎょうにたべさせるみたいに、あーん、してあげながらじぶんのくちにいれる」

「ぜんぶのりでまく」

「やさいがすきなこにあげる」

「ハチミツにつけてたべる」

「かみにつつんですてる」

いろんな意見が出てきたの。そのうち、シンプルに、

「のこせばいいじゃん」って子が出てきて、でも残すときは、お昼をつくってくれてる卒業生のお母さんのところに、残したお皿を持っていかないとならないんだけど、

「これのこすっていえない」

「なんで言えないの？」

「ひとくちたべてみてっていわれるにきまってる」

じゃあ相談してみようって、その人を呼んできて話をしたら、

「せっかくつくったから食べてほしいし、頑張れそうな子には、ひと口食べてみてねって言ってるのよ。だけど、こうへい君はきっと無理だろうなって思うから、今に食べられるようになるといいねって言ってあげる」って言われて、一件落着だったの。こうへい君は野菜はダメだから食べないでいいっていってお墨付きをもらったわけですよ。

それからお正月が明けて一回目の給食のとき、こうへい君が来て、

「おれ、たべた、キュウリとかも！」って、鼻をテングにしながら言うんです。

そのときはポテトサラダがついてたんですけど、全部食べられた。それがパーッと広まっ

て、みんなが「こうへい、すごいじゃん！」って言って、わたしも「勇気出したね、やったね」って拍手した。

子どもはこうあるべきって姿を先に想定すると、マイナスばっかりなんです。野菜は身体にいいんだから、食べて当たり前。野菜を食べられる子がいい子ってところから出発すると、こうへい君はダメな子、しょうがない子なんですよ。

ところが、こうへい君は今は食べられないんだっていうところから出発すると、食べられたときに、本人がすごく自慢なわけです。達成感もある。そのことに対して周りも感激できる。そうするとこうへい君も、次の目標が出てくると思うのね。

これができない、あれができないって育てていくと苦しいけれど、まだサルだからしょうがないってあきらめて、あるがままの子どもの姿を、ここからスタートって思うと、ちょっとできたことがすごくステキに見えてきて、子どもも親もうれしくなっていくんじゃないでしょうか。

時計は読めても時間は？

りんごの木では年長組のことをいちばん大きいから一番組、年中さんは二番組、年少さんは小さい組って言うんですけど、四歳で二番組のさくちゃんが、お正月明けに、

「ぼく、もういちばんぐみ」って言うのよ。

お母さんに、もうすぐ一番組ね、お誕生日が過ぎたらねって言われた。新しい年になって、お誕生日がすぎた、だからもう一番組だって。お正月ってそういう時期で、おとなは、もうすぐ一年生ね、なんて言うじゃない？　さくちゃんは一月生まれだから、そう思い込んじゃったようなの。

その日も、じゃ二番組さん、さよならって言ったら、

「ぼくはもうごさいになったから、いちばんぐみなんだ。だからまだかえらない」

「でも、さくちゃんはまだ二番組なのよ」

「おかあさんが、ごさいになったらいちばんぐみっていった」

「四月に、今の一番組さんが小学校に行ったら、さくちゃんが一番組になるんだよ」

そう言ったら泣き出して、お迎えに来たお母さんに、

「おかあさんはもうすぐっていった、おたんじょうびがすぎたらっていったのに、まだにばんぐみだっていわれた」って、ものすごく怒った。

ああ、まだ分からないんだなって思って、次の日、四歳の子どもたちに、

「みんなはいつから一番組になるの？」って聞いたら、みんな分からないのよ。

いつから一番組？　っていうことを、いろんな言い方をしても分からなくて、結局、カレンダーに○をつけて数えて、あと七七寝たら一番組ってところで納得したの。次の日から、

「あと七六」「七五」。

まさに、もういくつ寝るとお正月のようでした。

脳科学の発達の専門家によると、時間の概念ってすごく難しいらしいんです。速く走れば遠くまで行けるっていうことは分かる、でも、速く走れば早く着くっていうのは分からないんですって。そういうことが分かり始めるのは六歳ぐらいかららしいんです。

時計を読んで、今何時？　っていうことは分かるのよ。でも、時間的な概念はまだ身についていない。それはかなり最後のほうって言われてることを実感しました。

「遅れちゃうから早く支度して、早く早く！」って、お母さんが言っても、本人が、早く支度すると遅れないですむっていうことが分かってないの。早く早く！　って言い続けて、早くなった子はいないのよ。あきらめたほうが、お母さんが腹が立たないわよ。

直結している「感情」と「表現」

子どもを理想の形に近づけようと指導していると、実体が見えない。でも、実体を見ることから始めると、子どもってすごいなあって思うことがとっても多いんです。

三歳児のクラスに、コリヤっていうドイツ人の男の子がいて、彼がまた過激なイタズラ坊主で、みんなに怖い怖いって言われるような子なんですね。アンパンマンのついた赤いガーガー車（乗りもの）が好きで、りんごの木のものなのに、まったく私物化しているの。

ある日、コリヤはそのガーガー車を脇に置いて、砂場で水遊びしていた。お気に入りは確保してあるわけね。そのとき、わたしと遊んでた同じ三歳のしゅうちゃんって子が、あの車を使いたいって言うの。

しゅうちゃんは、どちらかというと学者肌な子で、よく観察して、言葉も達者なの。コリヤみたいな暴れん坊は怖くて苦手で、でもよく見てる。見てるってことは興味がある。だけど怖いって感じなんですけど、

「じゃあコリヤに、貸してって言ってみたら？」

「うん」って言って、かなり遠くから、

「かして」って声をかけて、

「ダメ」って言われて、シュンとして帰ってきた。わたしは、「残念だったね」って言って、コリヤのいる水遊びの群れにだんだん近づくように遊びを続けたんですけど、

「やっぱりつかいたい」

「じゃあもう一回言ってみれば？」

しゅうちゃんはさっきより近づいて、

「かして」

でも、今度は強く、

「ダメ！」って言われて、泣いて帰ってきたんです。

「そうか、残念だったよね」

頑張って来い！　って言うより、残念だったから残念だったねって言うのがいいのよ。でもそのときわたしは、しゅうちゃんは、言葉はよく知っているけど、ほしいものを奪い取るって人間の原点を知らないいな、よし、わたしが教えてやる！　って思って、わたしがコリヤのところに行って、

「貸して」

「ダメ」

「あんた使ってないじゃん、使ってない間だけ、わたしに貸して！」って言って取ったんです。

そしたらコリヤも、車に手がかかったんだけど、相手がおとなだし、ちょっと弱気で泣き始めたの。でもわたしも乗りかかった船だから、そんなことであきらめられないじゃない？

「あとで返すから、ちょっとだから」って言ったら、

「わかったあー」って泣きながら手を離したんです。

泣いてる子から物を奪い取るってイヤな気持ちね（笑）。奪い取ったんだから乗らないなんて失礼でしょ。ガーガーって乗って一周、しゅうちゃんのところに行って、

「これ、貸してあげる」って言ったの。

そしたらしゅうちゃんはすごく困った顔して、でもいちおう乗ったの。そして三秒ぐらい

座って、立ち上がったと思ったら、自分でコリヤのところに持ってって、「もういい」って置いてきたのよ！

何それ？　わたしひとり浮いてる感じじゃん？　って思ったんだけど、まあ返しちゃったんだからしょうがないかって、しゅうちゃんと遊んでたら、今度はコリヤがその車を持ってきて、「じゅんばん、いいよ」って、しゅうちゃんの前に置いたのよ。

そしたらしゅうちゃんはキランって顔して、コリアも笑顔になって二人の心がつながった。わたしはそばにいて、すごく感動したんですけど、しゅうちゃんがコリヤに返そうって思ったのは、怖いと思ってたコリヤの涙を見たからだと思うんですね。あ、コリヤ泣いてるって。そしてコリヤは、自分が車をとられて悲しかったところに、しゅうちゃんが持ってきてくれたことに心が動いたんだと思うんです。

こんなふうに、子どものコミュニケーションって、言葉ではほとんど何も出てこなくて、表情とか行動でやりとりしてる。感情と表現が直結してるんです。おとなは、何でも言葉で理解して、自分の行動をコントロールするけど、子どもは、言葉を頭で理解して行動をコントロールなんてできない。

逆に言葉のほうは、感じたことを一度、頭でめぐらせて整理して、初めて出てくるんです。ある日、三歳のだいちゃんとあっくんが、ブロックの取り合いをしてました。立方体に組んだブロックの中にはまるい形のブロックが入っていました。無言で、かなり険悪なムードで、わたしはしばらく見てたんですけど、二人とも手を離さない。

「ぼくのだ」

「このなかにはいってるのは、ぼくの」

「じゃ、中から取り出したら？」

手を離さない。

「同じものつくってあげようか？」

二人とも、これじゃなきゃダメ。

「じゃあジャンケンするのはどう？」

イヤだって言うの。

「どっちかが我慢するのは？　我慢できるってすてきだと思うよ」

我慢できない。

「じゃケンカするよりしょうがないね」

ケンカもイヤ。

仕方ないからわたしは黙ってたの。するとしばらくしたら、あっくんが立ち上がって、二階に上がっていって、同じものをつくって降りてきたんですよ。だいちゃんはチラっと見ただけで、声もかけない。あっくんのほうも、つくったよ、とも何とも言わない。

わたしがジャンケンとかケンカとかを提案したときに、あっくんは何も言わなかったけど、ああかも、こうかも？　ってちゃんと考え続けてたってことなんだと思うんですね。だいちゃんは手を離さない、どうしようかな？　って。このときに必要だったのは時間で、じゃあやっぱりもう一つつくるかって、あっくんはちゃんと自分で結論を出したんです。

子どもは言葉や表現として外に出してはいないけれど、ちゃんと内面で感じて考えてるってことなのね。自分の体験を通して、自分の心を動かして、自分の身体で感じて分かっていくんです。

おとなが入ると、たいてい言葉のやりとりでしょ。「じゃあこれは○○ちゃんのものなのね」って、すぐに結論を出したがるじゃない？　おとなはシメが入らないと落ち着かないのよ（笑）。

ケンカって素晴らしい

身体の大きいあおい君っていう子が、あるとき突然、三人組で遊んでたゆうや君っていう子に食らいついて、そのままものすごいケンカになったの。最後はあおい君が噛まれて、ゆうや君は顔をひっかかれて、ウワーンって二人で泣いて終わったんですけど、ゆうや君の顔から血がしたたるほどのひっかき傷だった。

落ち着いてから聞いたら、あおい君は、怪獣ごっこをしていたゆうや君のことを見て他の子をいじめてるって誤解して、突っ込んでいったみたいなんです。子どもは思ったらすぐに走り出すから、誤解で生まれるケンカってとっても多い。

「二人とも、痛かったね、立派なありったけのケンカだったよ」って言って、子ども同士はそれで終わったんです。

子どもの場合、ケンカして溝ができることは一〇〇パーセントありません。その後、仲よしになる場合のほうが多いです。

お迎えのときに、あおい君のお母さんに、

「今日、彼は立派なケンカをして、どっちが正しいってわけじゃないんですが、ゆうや君の顔をひっかいちゃったんです、ゆうや君のお母さんにはわたしから話します」と説明しました。

あおい君のお母さんはゆうや君の傷を見てびっくりして、すぐに携帯でゆうや君のお母さんに謝ってましたけど、ケンカのケガは、その子の腕力に見合ったケガしか起きないんです。三歳には三歳のケガしか起きない。二歳の子どもが噛んでも肉は取れません。それでもひっかき傷は比較的残りやすいけど、幸いなことに思ったより残りませんでした。

ケンカの次の日、あおい君のお母さんが、

「あおいは、家に帰って開口いちばん、ママ、ツメ切ってって言いました」

これなんですよ。これがあるからケンカは素晴らしい。

あおい君はおうちに帰って、「ゆうや、いたそうだった」って、自分のやったことを振り返って相手の気持ちに思いを巡らしはじめたんです。「ぼくのツメがのびてたから、ゆうやがあんなことになっちゃった」。だから、「ツメきって」って。

これが〝心が育つ〟ということですよね。

おとなは往々にして、体に残る傷ばかり気にするけれど、心が豊かになるためには、すり傷とか、きり傷とか、いっぱいしていかなくちゃダメなんです。

今、二人はすごく仲よしです、ありったけをぶつけあう関係になったから。

おとなが入って、関係がややこしくならなければ、ケンカの後、仲よしになる関係のほうが圧倒的に多いんです。

心を動かして育っていくこと

こんなケンカもありました。五歳の子どもたちが、跳び箱の上に乗って、天井から下がってるピラピラした飾りをタッチしてとび降りるっていう遊びをやっていて、やりたいと思った子が多くて、みんな一列に並んでたの。

次はしーちゃんっていう女の子の番だったのに、後ろに並んでたさくちゃんが、突然走っていって先にやっちゃったんです。そしたらしーちゃん、怒って怒って、すごい取っ組み合いになった。二人は三歳のときから仲よしだったから遠慮がなかったんです。それで、しーちゃんが泣いて終わったんですけど、落ち着いてからさくちゃんに聞いたら、

「さいしょはならんでたんだけど、やりたいってきもちがいっぱいになってきちゃったから、ズルした」って言うんです。

しーちゃんは、

「ちいさいこだったらゆるした。だけど、さくちゃんは、ならんでなくちゃいけないのをわかってる。みんながガマンしてるのがわかってる。さくちゃんにはガマンするちからがあるはずだ、なのにズルしたのがゆるせない」ってカンカンになって言ったんですよ。立派ね。

さくちゃんはベソをかきながら、しーちゃんに元の気持ちに戻ってほしいって言うのよ。

「さくちゃん、それってさ、しーちゃんごめんねって気持ちが、胸にいっぱいになってるんだと思うよ、あやまってみるのはどう？」って言ったら、

「そうする」って言って、いっしょにしーちゃんの前に行って、

「しーちゃん、ごめんね」って言ったのよ。

わたしは〝ごめんね〟〝いいよ〟ってセットにして教えるようなことはしてないんですけど、こういうときに、ごめんねって言われたら、それ以上後追いできないと思うじゃない？

ところがしーちゃんは、「ゆるさない。ごめんねっていわれたぐらいで、もとのきもちにもどれない！」って言ったんですよ。

許さないって言われたらどうしたらいい？　って、思いつかなかったから、「困っちゃった」って言ってたら、こっちゃんっていう子が、「だいじょうぶだよ、あしたのあさにはもどってるから。うちのママがそうだから」

もう一人の四歳の子が、「あとでもういっかい、いってみな」

これって、おとなの言葉に直すと、ここは時間が必要ってことでしょ？　こんなすごく高度なことを、子どもは体験を通して知ってるってことなのよ。言葉で説明できなくても、もう分かってるってことですよ。すごいなあって思って、さくちゃんにそういうことらしいよって言ったら、「わかった」って言って、その場は終わったの。

お昼を食べ終わってしばらくしたら、さくちゃんが元気な顔になって、「さっき、ごめんねって、もういっかいいってみたんだよ、そしたら、しーちゃんがいいよっていったんだ」

わたしたちおとなは、言葉にものすごく頼ってる。だけど、子どもは気持ちにすごくストレート。心で感じた体験をきちんと積んでいってるって思うんです。

〝ごめんね〟〝いいよ〟って、セットにして、小さいうちから、記号のように一生懸命教えてる人がいますけど、それはただの処世術で、子どもの心が動いていないんです。

〝ごめんね〟って言ったら無罪放免。相手はもう何も言えないってことは分かりますから、その処世術だけを身につけて、同じようなことを繰り返してしまうことになると思うんです。何かやっても、〝ごめんね〟って言えばいいってことになってるわけね。

今年二二歳になる男の子が、年長さんだったときに、悪ガキ三人で外で石を投げていて、通る車のフロントガラスを割っちゃったことがあるんです。

幸い、誰もケガをせず、相手の方もすごく穏やかないいおじさんで、必要以上に子どもを怒らないでくださいって言ってくださったんですけど、わたしはもちろんカンカンになって、どう怒ろうかって、逃げた三人を捕まえて「ここに座んなさい」って座らせたの。でも三人の顔を見たら、もうどきどきしちゃって、どうしていいか分からないって様子なんです。それを見たらもう怒鳴れなくなっちゃった。

「誰がやったの？」って聞いても、言わないのよ。最後まで誰がやったかは言わなかったんですけど、その日、わたしは親に連絡をせずに普通に帰したんです。

次の日、一人の子の親が来て、

「昨日帰ってきたら妙にいい子で、何かあったな？　って思って聞いたんです。そしたら、悪いことをしたって」

その子はガラスを割ったのを話して、お兄ちゃんから、

「フロントガラスだったら一〇万円はするな」って言われ、貯金箱を持ってきて、これで弁償するって言って、でも開けてみたら三五〇円ぐらいしか入ってなくて、

「じゃあぼく、あしたからはたらく」

ありがたいことに、三人のうちの一人が保険に入っていたので、彼は働きに出ずにすんだんですけど（笑）、このことを二一歳になってもすごく覚えてるのよ。五歳の子の心に残ったんですね。あんなことをして、愛子にも親にもすごく怒られたけど、ぼくは次の日、りんごの木に行くのがイヤじゃなかった。どこか根っこのところで、自分が愛されてるっていうのを感じてたんだと思うって。


このところ、就活してる卒業生たちが、よくわたしに会いに来るんです。どうしてりんごの木を始めたの？　とか、自分の好きなことをやり続けるべきかどうかで、すごく葛藤して相談に来るんですが、

「愛子ってさ、ずっと好きなことだけやってきてるんでしょ？　それってアリか？」

世の中変なんだよ、やりたいことがあって会社を選ぶんだと思うんだけど、みんなが選んでるのは、知名度とか休暇とか条件ばっかりで、肝心の志望動機が書けないでいるんだ、自分のやりたいことをやっていく人生なんて、みんな思ってもいないぞって。

わたしは、自分の人生なんだから、人からの受けがいいとか悪いとかじゃなくて、自分がああ生きててよかったって思えるのがいいよ、自分を曲げてまで人からよく思われたい人生って何なのよ？　自分の人生は自分がいちばん大事って言うんですけど、たいていの子は、「ああよかった、りんごの木に戻った気がする。好きなことをやってよし、なんて言ってくれるおとな、めったにいないよ」

好きなことを続けるより、知名度や条件を評価するおとなが多いっていうことにわたしは驚いてるんですけど、迷っているその子たちは、ちゃんと自分の人生に向き合っていると思うんです。

自分の心を動かして育っていったときには、自分の人生をまっとうできると思うんです。心が育ってなくて、処世術でできた外ヅラばっかりだったら、中身はスカスカですよ。外ヅラばっかりいい子を育ててどうするの？

あるところから〝個性的で協調性のある子を育てるには？〟って原稿依頼が来たんですけど、一度に両方できるわけないじゃん？　個性的な子は、みんなに嫌われたり、孤立したり、当然いろんなことがあるわよ。そんな中で、あの子には嫌われたくないとか思って、初めて協調性が生まれてくるんじゃない？　でも、そういう協調性はもっと後からでもいいような気がするの。

人の振り見てわが振り直せって言うけど、それは大きくなってからでいい。人間形成のいちばん大事な根っこの部分で、人の振り見てわが振り直してたら、中身の自分の軸が分からなくなっちゃいますよ、自分の中身をきっちり詰めてもらわないと。

心と体験を、年齢とともに、積み上げていって育ってほしいと思うんです。

「物を大事にしよう」って？

ずいぶん前の話になるんですけど、わたし、りんごの木を立ち上げる前に、普通の幼稚園の先生をやっていました。たまたま兄の子のかおるがその幼稚園に入って、初めてキャラクターのついた靴を買ってもらったんです。姪のかおるはうれしくてうれしくて、泥を払いながら歩いて、幼稚園に着いたら手で泥を落として、大事に抱えてたんですよ。スノコの上にいて、その日は園庭に出なかったんですね。

そしたら、担任の保育者が、

「かおるちゃん、ママはかおるちゃんにいっぱい遊んでほしくて、この靴を買ってくれたんじゃないの？　だから靴は汚れてもいいのよ、汚れるとママも喜ぶかも」って言うんです。

わたしは、余計なこと言わないで放っといてって言ったの。こんなにうれしくて、せっかくの靴が汚れちゃうのはイヤっていう気持ちを、どうしてじっくり熟させてあげないのって思ったんです。

本来はこんなふうに、物との出会いがあって、自分の物になっていくのには時間が必要だし、物に対する執着やこだわりも生まれてくる、そこに心が育っていくっていうことがあるのに、その心の動きには目を向けず、買ってあげたんだから履きなさい、履くために買ってあげたんだからって、大急ぎで子育てしてるような気がするんです。

もっくんは、お気に入りのジーンズとお気に入りの靴下しか履かないの。ジーンズも靴下も二つずつで、お母さんは毎日洗濯して着せてた。ある日、もっくんはシュンとした顔をしてりんごの木に来て、

「どうしたの?」

「ママがくつした、きった!」って大声で泣き出したの。

朝、出るときにいつもの靴下がないって騒いでたら、ママが新しいのを履きなさいって言った。イヤだって言ったら、もっくんのお兄ちゃんが、じゃあはだしでいいだろって言ったから、はだしはイヤだって言った。そしたらママがどんどん怒っていって、あんたのために買った靴下なのに、履かないならもういいって、新しい靴下をハサミで切ってゴミ箱に捨てたんですって(笑)。

たぶんもっくんには、ママが新しい靴下をハサミで切って捨てるのが、視覚的に、ものすごく怖かったんだと思うんだけど、

「だいじょうぶよ。今ごろママは、もったいないことしたなってため息ついてるよ」って言って、いっしょに遊んでたんです。そしたらそのママが、いつもの靴下ぶら下げて来たのよ。「あったわよ！　洗濯機の後ろに落ちてたから、あわてて洗って、ドライヤーで乾かしてきたわよ！」

そして「さっきはやりすぎちゃった、ゴメンね」って言ったんです。

子どもはとてもやわらかい心を持っていて、いろんなものに執着があったり、こだわりがあったりするんです。子どもの気持ちを分かってあげましょうって言っても、そんなの親にはなかなか分からない。分からなくてもいいけど、おとなにとって都合のいいものだけ大事にすることを教える必要はないと思うの。大切なものを大事にしたいという気持ちは、子どもだって持ってるものなんです。

去年、サッカーが流行って、親チームと子どもチームでガチンコのサッカー対決をして、子どもが勝ったんです。子どもは毎日練習してるから、チームプレーがよくできていて、個人技で上回るおとなに勝てたんですね。そのときに使った赤いボール、ドッジボールに使うようなボールがなくなっちゃったんです。

公園で試合したからみんなで捜してみようって、植え込みを見たり、周りの道路を見たけど出てこない。どうしようか？　って言ってたら、なくしものをしたときには警察に行くんだよっていう子がいて、そうか！　ってみんなで警察に行って、しゃべるのが得意な子が、りんごの木と言います、とか、全部子どもが受け答えをして、見つかったら連絡してくださいって帰ったの。

その後で、ボールって、子どもが見つけたら子どもが使うかもしれないから、近所の保育園や小学校に、ポスターを貼らせてもらおうって〝あかいボールをさがしています、りんごのきにれんらくください〟っていうポスターを子どもがつくって、近くの小学校や保育園に貼ってもらったの。どこも好意的に対応してくれたんだけど、見つからなかった。

じゃあ今度は、チラシをいっぱいつくって、駅で撒くって言うのよ。駅はいろんな人が通るから、大勢いれば知ってる人もいるかもしれないって。賢いのよ。それでチラシを五〇枚ぐらいコピーして、子どもたちが色を塗って、歩いて五分ぐらいのところの駅にみんなでぞろぞろと、すぐ見て分かるようにって〝あかいボールをさがしています〟ってボードを体の前後にかけて……、ライオンのかぶりものをした子もいたの。共同募金のように、「ボールをさがしていまーす！」ってやったわけ。

子どもが声をかける人は、一〇〇パーセント耳を傾けてくれる人なの。聞いてくれそうもない人には声をかけないのよ。で、相手がチラシに手をかけると渡すの。手をかけないとちゃんと持って帰ってくる。りんごの木って？　って聞かれたりすると、あの階段を上って…って教えるのよ。

四歳の子がね、この人だって思ったら、勇気を出して一歩前に出ていくんですよ。「すいません、ボールをさがしてるんです」って。

そのときの顔ったら、わたし、涙が出ちゃったんですけど、知らない人に声をかけるって、子どもにとっては大変なことですよね。子どもにこんな力があったんだって。ボールを見つけたい気持ちが後押ししてると思うんですけど。

そんな感じでチラシをいっぱい撒いて、今度はコンビニにポスターを貼らせてもらったりしたけど、結局ボールは出てこなくて、卒業式の前日になっちゃったんです。

「とうとう出てこなかったね、もう卒業しちゃうから、ポスターを貼ってもらったところに行って、ありがとうございましたって回収してこないとね」って言ってたら、なんとその日の夕方、出てきたのよ。四年生の女の子が、赤いボールを持ってきてくれて、「これよ！　これ！　どこにあったの？」って聞いたら、かなり遠くの自分のマンションの下にあって、あっ、これ公園にポスターが貼ってあったボール？　って思って持ってきてくれたの。お礼を言って、すぐに〝りんごの木〟って名前を書きました。

この一件は、子どもが全部主導権を持って、子どもが主役で、保育者はその後を追いかけるようにして、コピーとかを手助けしたんです。

おとなは、今の子は物を大事にしないって言うけど、子どもとおとなの価値観が違うだけなんですよ。おとなにとっての大事な物は、お金がかかっている物だったりする。子どもにとっては自分が大事と思った物でなければ、親が何て言ったって、大事にはしないと思うんです。

普通はボールを失くしたからと、ここまでできる親なんていない。今度は大事にしなさいねって、次の課題にするのよ。でも、子どもだって物は大事にしようとしている。それはその物をいとおしいという心が働いて、初めてできることなんだと思うんですね。〃物は大事に〃なんて、物理的なことだけを教えなくてもいいと思うんです。それは本来子どもも持っていて、子どもにとっては、空き箱だったり石だったりするだけなのよ。だから、おとなに都合のいい〃物は大事〃に、なんて教える必要はないんじゃないかと思うんです。

人とのつながりを大切に

今、ビデオカメラのついた保育園が人気です。保育の様子をパソコンでいつでも見られるっていうのが人気なんですが、ずっと見えてると苦しいわよ。

「あ、うちの子一人だわ、仲間外れかしら？　イジめられてるのかしら？」って、逆に不安になります。ガードを完璧にすればするほど、孤独になって不安感は増すんです。

親が不安だから、子どもをガードしてガードして、安全は強化されるけれど、不安感、孤独感は増していってる。

みんなマンションか何かにお住まいで、外からは見られないし、入り口もロックがあって、安全は確保されてるかもしれない。だけど、それが逆に、孤立して、密室の中で吐き出し口がなくて、虐待につながっていく部分もあると思うの。

わたしが小さい頃は、どの家も貧しくて、塀がなかったから、みんな縁側から出入りしてた。親に怒られたときは、すっと抜け出して、裏のおばちゃんの家に行ってお茶を飲ませてもらってた。夕方になっておばちゃんもいっしょに家に帰って、「腹も立つだろうけど、許してあげてね」って言われると、母もそれ以上怒れなかった。

誰かの家で子どもが叱られて泣いてたりすると、友だちみんなが寄ってきてはやし立てたりして、そうすると親はそれ以上叱れなかった。密室で、吐き出し口がなくて虐待が起こる今とは反対でした。

でも〝それは昔のこと…〟で片付けないで、今はもう少し風通しをよくしたほうがいい。地域のコミュニケーションが取れる場をつくっていかなくちゃならないんじゃないか？　って思うんです。

去年はわたしの周りに、すごく大変なことがいろいろと起こった年でした。

たとえば卒業生の四年生の男の子が交通事故に遭って、脳挫傷で、一か月半、意識がなかったんです。幸いなことに奇跡が起きて、今、だんだんと回復に向かっているんですけど、意識不明で面会もできないときに、卒業生の親たちが集まって、自分たちには何ができるだろう？　って考えて、親の晩ご飯を毎晩運んだんです。

いろんな人が行って、いちいち「どう？」って聞くのもよくないから、仲がよかった二人が、みんなが作った晩ご飯を、毎日親に届けた。それから、事故の相手が保険に入っていなかったから、際限なくかかるお金を何とかしようって、募金をしたり、バザーをやったりして、かなりの額のお金を手渡したんです。両親は本当に感謝してました。やっぱり、何かあったときには、ネットワークがものすごい力になりますよね。

それから去年は、卒業生のお父さんが亡くなったり、お母さんが亡くなったり、そういう大変な出来事が多かったんですけど、何かあったときには、今でも、遠くの親戚より近くの他人だったりする。外は危険だからって閉じこもっていないで、何かあったときにすぐ「助けて！」って言える関係や、地域とのつながりをつくっておくって、現代でも必要なんじゃないでしょうか。

生きていればそれで十分

りんごの木には、障がいのある子も来ているんですけど、先日、その親たちが、学校に入ると分離教育も多いし、障がいがあるってことをなかなか人に話せないから、うちの子はこういう子ですって話す練習をしたいって言って、健常者の子の親たちを前に、話す場を設けたんです。

わたしはもっと、涙、なみだの会になるかと思ってたら、すばらしい話だったんですよ。ダウン症や自閉症について客観的に説明する人、分離教育をわたしはこう考えるって話す人、どの人もみんな立派で、わたしはものすごく感動したんです。

今は成人した子のお母さんは、一〇歳まではいろいろな訓練をした、だけど下の子ができて、訓練が物理的に無理になった。あきらめたときに初めて、その子がわたしに甘えてきた。本当は甘えたかったんだ。わたしは障がいがイヤで、障がい児であるこの子がイヤで、一生懸命に訓練してきた気がする。でももうそれはやめよう、この子が甘えてきたら、素直に受け止めようって思った瞬間から、この子がいとおしくなってきたって言ったんですね。

生まれたときからずっと障がいと付き合ってきて、幼児の頃は泣いて泣いて、何でわたしにこの子が…って恨んだり、いろんな問題が起きたり、これからも続いていくんだけれど、この人たちは、障がいがある子が与えられたことで、人間としてすごく成長して、立派になってるんです。与えられたことを乗り越えて、腹をくくれてるわけです。わたしは圧倒されて言葉が出ませんでした。

そんなことに出会うと、親も子どもも、生きてるだけで十分って思うの。それが当たり前になっちゃって、欲が出てくるんですよ。

何か望めばできるような気がしてくる。そして「できる」ことで、子どもを保障してあげたいと思ったりするんです。

でもね、原点は〝生きていればそれで十分〟なんです。ときどき自分に、それを言い聞かせればいいんじゃないの？　子どもはちゃんと自分から育っていきますよ。外に出て、つらいことがあったら帰ってこれる家にしておけばいいんじゃない？

「うちの子は、うちの子らしく育てよう」じゃなくて、自然とうちの子らしく育つんです。

子どもは、日常のあなたの姿、あなたの背中を見て、吸収していきます。あなたの無意識の暮らしの中から、自分の足しになることを拾っていってます。口で言ってるだけのことは流れていってます。何がいいとか悪いとかいうモノサシはないし、効率よくいいところだけを子どもに注入することはできない。子どもだけを特別にいい子に育てることはできないんです。

だから、自分自身が親に言われてイヤだったことはやめればいいし、うれしかったことはやればいい。何よりの育児書は、自分の中にあるんです。いい子に育ってほしかったら、自分の襟を正すことね。

長い間、聞いていただいて、ありがとうございました（拍手）。

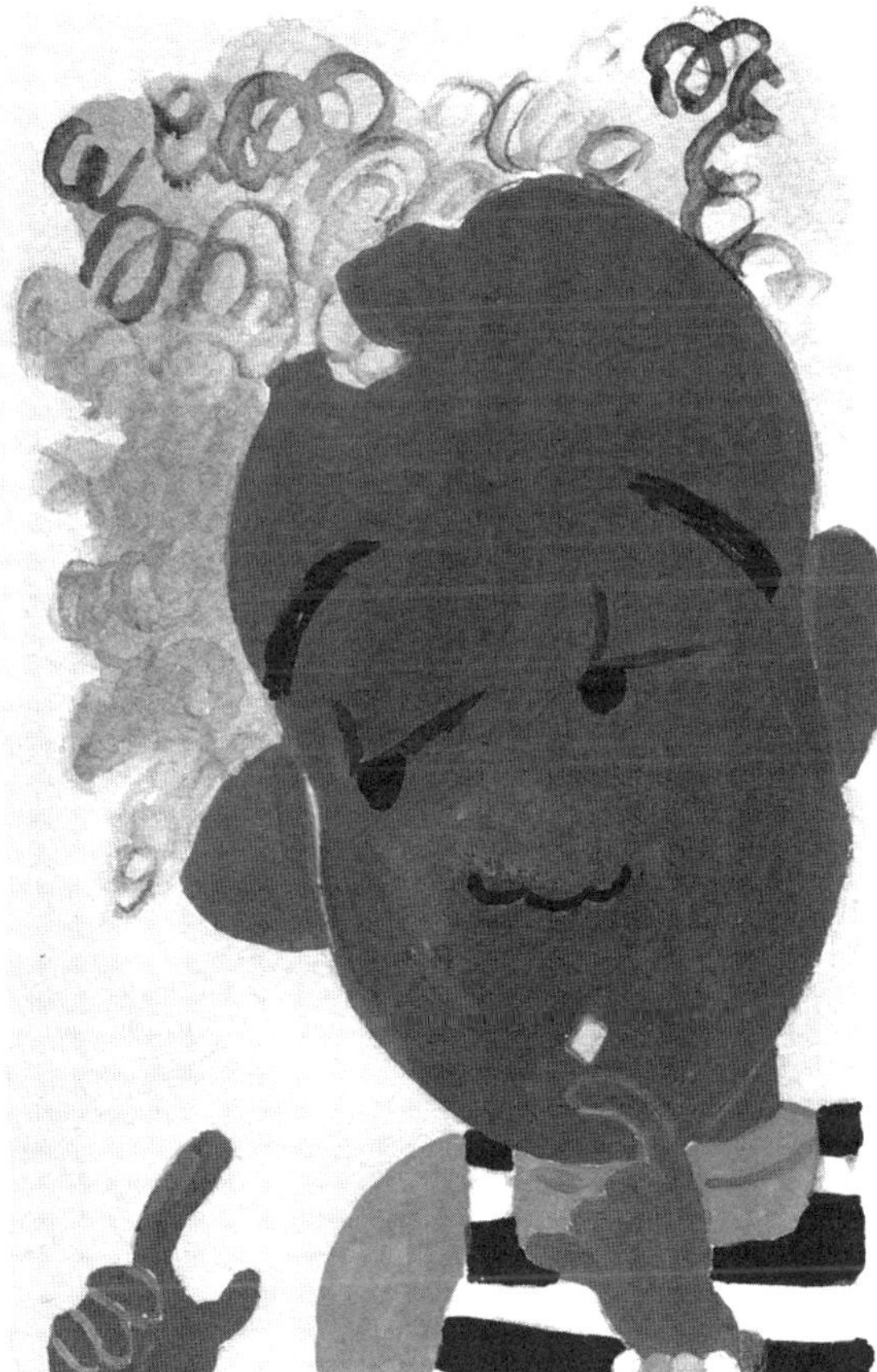

ころりん村にて　その五

わたしの子育て、どうなのかしら

こんにちは。寒いわね。息も凍る寒さよね。この寒い中、今日もお集まりいただいてありがとう。人が大勢いると、それだけで暖かくなるわね。

早いもので、ころりん村で呼んでいただいて、今年で七回目になるのよ。すごいわよね。私もその分、歳をとってきたってことね（笑）。

よく飽きもせず続けていただいてると（笑）、感謝してるんですが、きっかけは、今日もそちらにいらしてくださった元ころりん村の先生、篠木里恵さんと、保育者向けの夏のセミナーでお会いしたんです。それから連絡をくださって、私の本を四〇冊も注文してくれたの。一度に四〇冊よ、そんなことめったにないので、本当にいいんですか？ って（笑）。

それでその後、ころりん村にお話にうかがって、それからずっと、保護者会のほうで呼んでくださってるの。途中で一年空いたりしてる年もあるから、最初のお話を聞いたお母さん方は、もうお子さんが中学生になってるわけね（笑）。でも、続けてると、あ、あの人だってお顔が分かるような、毎年いらしてくださる方もいて、とってもうれしいです。

おどおどしながらの子育て

初めてころりん村でお話しさせていただいたときはなかったんですけど、二回目からは講演のお題をいただいています。今日いただいたタイトル、副題が、〟お母さんのモヤモヤ解消〟っていうのよ。モヤモヤ？　モヤモヤって何？　って思ったんですけど、モヤモヤね、あるわよね。子育てしてるとモヤモヤだらけね（笑）。

うちでは今、お母さんたちのお話し会っていうのを毎月やってます。子どもを送ってから近くの自治会館で、お弁当を持ってきておしゃべりしてるんです。ひとつのグループが一五、六人で、何でもかんでもしゃべってしゃべって、子どものお迎えの時間までしゃべってるの。

お父さんたちの会っていうのもあってね、私はお父さんたちはいいやって思ってたんですけど、お父さんたちが、お母さんだけズルいって言い出して（笑）。そんなわけで、お父さんたちの会は土曜日にときどきやってるんですけど、みんなよくしゃべるのよ（笑）。先日も土曜日の午後一時から五時まで、お父さんたちがお茶だけでしゃべってたのよ（笑）。五時からはお酒も入って、一〇時までしゃべるわけ。すごい一日よね。

どうしてこんなことをやっているかっていうと、本音をしゃべれる間柄をつくりたい、本音でしゃべって、子育てを共に支えあう関係をつくりたいと思っているんです。

昔は自治会とか、近所付き合いとか、地域のネットワークがありました。今の世の中、それがつくりにくいでしょ？　震災以来、地域の力が大事って言われるようになっているけど、なかなかつくりにくいし、子育てはそこに頼れない。今のお母さんは子育てしていても、世間では本音がしゃべれないじゃない？　それで、せめて同じりんごの木に来ている人同士で繋がっていこう、本音で話し合える関係をつくっていこうってことなんです。

先日もこんな話が出ました。子どもが水風船を家の前の道路で割ったら、近所の人に怒られたんですって。もちろん、割れたゴムは片付けたのよ。でも、道路が汚れるって怒られたんですって。

「えっ？　でもただの水でしょ？」

「道がビショビショになって歩きにくいって言われたんです」

「じゃ雨の日なんかどうするの？　変なんじゃない、その人」

そしたら他のお母さんが、うちではシャボン玉が洗濯物につくって言われて、外ではできないって言うのよ。そんな話がどんどん出てきて、みんなで憤慨してた。こういうことってありったけ言いたいわよね。

日本って、今、とても窮屈で、緊張しながら、周りの目を気にしながら生きてる。そんな中で子育てをしている。それが子どもたちに何かの足しになってるの？　ってすごく感じるんです。

公園で子どもが遊んでいると、物議を醸し出すのが水場です。

この前、うちの四、五歳の子どもたちが、近くの公園の水道で、蛇口を押さえて細くして遠くまで飛ばしたり、水飲みのほうの蛇口をいっぱいひねって逃げろ！　なんてやってたんです。

子どもは絶対やるわよね、この水遊び。蛇口がひねれるようになったら必ずこうくるのよ。うちの保育者は、そこは公共の公園で、他の人の目もあるところだから、やり過ぎてるなって思ったら「ダメよ」って言って止めて、それを繰り返してたんです。そしたら公園に来ていた親子連れのお母さんがキレちゃって、

「ダメでしょ！」って怒鳴った。

子どもはみんなピーンってなった。

「あんたのところはやらせ放題なんだから！　何考えてんの？」って。

で、保育者が、

「すみません、お気に障りましたか？　でも、子どもが水で遊ぶっていうのは、それなりのわけがあると思うんです。だから水のムダ使いはよくないので、ある時点でやめさせようと思っています」

そう話をしたら、むこうはもっとカンカンになっちゃって、

「本当に常識知らずね！」って言われた。

さっきの水風船のお母さんも、

「常識を知らない人とはもうお付き合いできません」って言われたっていうのね。

でも、この常識って何？

「公園の子どもの水遊びを止めますか？」という質問に、関東近県では、七、八割の人が止

めるって言うのよ。

「どうして？」

「濡れちゃいますから」っていうのが答えです。その次に来るのが、

「皆さんにご迷惑」です。

でもね、水遊びをやってると、子どもは寄ってくるのよ。子どもにはご迷惑じゃないの。

子どもの後ろにいる、おとながご迷惑なのよね。

ちなみに、同じ質問をしたら、大阪では止めるって人はほとんどいなかった。

「いいんじゃない？　公共の水だし」って（笑）。

静岡では半々ぐらいだったわね。

常識って、地域や国によって違います。日本の中だけだってこんなに違う。でも、常識を振りかざすおとながたくさんいるけど、子どもが水遊びをこんなに喜んでる、楽しそうってという人がいないのよ。

今、都会では、おとな同士が顔色をうかがいながら子育てをしています。

赤ちゃんが生まれた人が、近所に、「生まれました、泣いておやかましゅうございますが、よろしくお願いします」ってご挨拶をして回るっていうのを聞いたときには、世も末だと思いました。私は自宅で生まれたんですが、近所の人がみんな集まってきて、「おめでとう」って言ってくれました。そう迎え入れられるのと、「すいません」って挨拶して回るのと……

この五〇年の間に、日本って社会はなんて貧しくなってしまったんだろうって思うんです。「常識知らずね！」なんて言われると、また何か言われるんじゃないかしらって、どうしてもおどおどしながら子育てすることになっちゃいますよね。でも、お母さんたちの中にこういう人がいたのよ、

「私も水風船が悪いとは思わない。でも、世の中にはそう思う人が大勢で、私たちは少数派であることは確か。だからこそ、もっと胸を張るのよ。子どもといっしょに遊ぶと面白いよ、楽しいよってオーラを出すと、近寄って来なくなるわよ」

なるほどなって思いました。

その子の気持ちは？

あるところで講演をさせていただいたときの質問で、

「三歳の子どもです。お友だちがイヤがることをしたので、いけないことだと注意しましたが、次の遊びに行ってしまい、ケロッとしているんです。それでいいのでしょうか？」

これは多くの方がそうそう、あるあるってうなずく質問なんじゃないかと思うんです。どうかしら？

ここで大事なのは、お友だちのイヤがることをいけないと注意した。でも、やった子ども

の気持ちには全然眼を向けてないってことなんです。

いけないことだと思ってるのは私であって、子どもはどうなのか？　自分の子どもが何でそれをしたのか？　ってことには触れていない。

わが子の気持ちには眼を向けず、周りの子どもや親のほうを見て子育てしている。

一見、わが子を大事に育てているように見えるけれど、肝心のわが子の気持ちは全然尊重していない。お友だちのイヤがることをしたって、おとなの目線で、おとなの価値観で、おとなのやり方を当てはめているんですね。

三歳児なんて、自分のものは自分のもの、人のものも自分のもので、自分がほしいと思う気持ちがすべてです。言葉はまだついてきてないんです。所有物という認識ができるようになって初めて「かして」って言葉が出てくる。それが理解できるのは五歳ぐらいじゃないかしら。それまでは、面白そうだと思ったら、取りに行きます。

引っ張って取り合いになる。すると取られたほうはウワーッと泣く。泣き方も、相手を攻撃して泣いているときと、保護を求めて泣いてるときと、言いつけに泣いてるときとあって、子ども同士だったら、これで十分コミュニケーションがとれています。言葉がなくても、心の声を聞きあっている。こうして相手の気持ちが分かるようになっていくんです。

ところがそうなる前に、

「とっちゃダメでしょ、貸して、でしょ？」

するとと相手の親は、

「どうぞでしょ、どうぞでしょ」って、自分の子どもから取り上げて貸してる。

「ありがとうは？　ありがとう言った？」

「どういたしましてって言わなきゃ」

三歳児がこんな礼儀正しくする？　腹話術の人形でもあるまいし。

こんな心の入っていない記号のやり取りは、おとな同士でやればいいのにって思います。

正しい遊具の使い方って…

公園でもう一つ物議を醸し出すものがあるのよ。滑り台です。

滑り台、子どもが大きくなると、下から登ってくるでしょ？　あれを止められたことのある人、いる？　もちろんころりん村の中では止めないわよね（笑）。公園で、他の人に止められたことがある人？　やっぱりいるわね（笑）。

うちの保育者は公園で、他のお母さんとケンカになったのよ。さっきの水遊びもそうだけど、文句を言う人たちの共通点は、「ルール違反」と「常識」って言葉ですよね。

一歳、二歳は滑り台を上から滑ることしかできないの。ところが三歳後半になると、下から上がってきます。四歳、五歳になると、走ってノンストップで頂上まで上がれるか挑戦するようになったり、どうすれば滑りがいいかって、上から砂を撒いたりする。ウルトラマン滑りといって頭から滑っていくのも、いつの時代でも見られますよね。

遊具って、子どもが遊ぶためにあって、子どもは自分の発達に見合った遊び方をするんです。一歳の子に下から登れなんて言ってもできないのよ。できないからやらないの。三歳頃になって、足の裏に力が入れられるようになって、下から登るときにストッパーがきくようになるんです。それができるようになったことが、うれしくてうれしくて仕方がない、だから登る。上から滑るだけじゃ面白くなくなる。

自分が登れないとき、できる可能性のないときは、光って見えてこないんです。最初は公園でお兄ちゃんたちがやっているのをボーっと見ているだけ。でも、足に力が入るようになると、あれ、できるかも？　ってやりたくなる。異年齢の子が、ニンジンを目の前にぶら下げてくれてる。最初は、上から滑るだけでもうれしかった。でも、下から登れるかも？　って、やってみたら登れた、うれしくてうれしくて、どんどんやるようになる。

子どもはそんなふうに、自ら育つ力を持っていて、一つずつ遊びの中で消化しているわけです。だから、子どもの遊びは子どもに任せてほしい。

ところが、今、横浜では、公園の入り口に〝遊具で遊ぶときのおやくそく〟なんていうのが書いてあるの。本当よ。写真を撮ってくればよかったわね（笑）。

滑り台は下から登らない
鉄棒は濡れているときは使わない
フード付きの洋服は着ない
仲良く、小さい子には優しく

おせっかいでしょ？

おまけに、遊具の一つひとつに、何歳から何歳までって書いてあって、鉄棒なんて、二歳から六歳までなの。私は使っちゃいけないのよ（笑）。

これは何のため？　子どものためじゃないですよね。おとなや、特に行政が、何かあったときに責任を問われるのが怖いからこういう表示になったんです。この人が勝手にルールに違反したから、こういう事故が起きたんだっていうためのものね。ご丁寧にイラスト付きで書いてあるの。こんなものを見て、そのとおりに遊ぶなんて子がいると思いますか？

子どもの育ちを保障するのではなく、おとなが自分を守ろうとしている。

ルール以外のことをやるのはいけない子っていう接し方は、子どもの興味も探究心も削いでいきます。誰かがちょっと何か楽しそうなことを始めると、

「いーけないんだ、いけないんだ」ってなっちゃう。そこに、おとなが子どもを追いやっている。

だから公園はつまらないところになって、ゲームを持ってきて遊んでる。

誰にも迷惑かけずに、怒られないで楽しめる方法は、ゲームしかないんです。

何とかしなければって、私は本当に思っています。

おとな目線で、子どもをおとなの価値観の中に引きずり上げるのが早すぎる。一刻も早く、規範意識のあるおとなに育てようとしている。それがつまらない、頭でっかちの子どもを育てていくことになるんです。

そして小学校で言われるのは、

「今の子どもは指示待ちばかり」

「自分の考えが持てない」

「言われたことには従うが、やる気がない」

「やりたいことが見つけられない」。

誰がそうしたの？　って言いたいです。

これは、私をここ数年呼んでくれている小学校の先生方のアンケートの回答なのよ。なぜ私を呼ぶの？　って聞いたら、あきらめられないからですって答えでした。でも、幼児の頃から、それが今の子どもの生きる道になってるんです。そうしたのはおとなです。

毒入りの柿の実

近所に、柿の木公園っていう公園があって、その名のとおり、甘柿の木が三本立っていて、赤く実るのを楽しみにしていたんですね。「もう少しだね」って子どもたちと言ってたら、ある日、市役所の公園課の人が来て、伐採しはじめたんですよ。

ちょっと待って、せっかく色づいたところなのにって思って聞いてみたら、実が熟すとカラスが来て、うるさいし、食い散らかして汚くなると、近所から苦情が来る。だから熟す前に切るんですって。イチョウの葉っぱもそうですよね。秋は黄色になってきれいだけど、今は散る前に枝を切っちゃう。掃除しろとか苦情が来るから。それで、「熟してぐしゃぐしゃになる前なら、私たちがとっていいということですか?」って聞いたら、まあいいでしょうってことになったのよ。

それからというもの毎日、公園にみんなで行って、まだ青い柿もあるんだけど、登れる子は木に登って、サルカニ合戦のように、柿採りしてたんです。公園に来た人にもおすそ分けしながら。

ある日、そこに学校帰りの小学生三人が来たんです。

「あっ、公園の柿を採ったり食べたりしちゃいけないんだよ」って言ってくるの。事情を説

明して、だからいいんだよって言ったら、中の一人が、

「でも、公園の柿には毒が入ってるんだよ」

こう言うの。お母さんが言ってたって。

「じゃあ、毒の入っていない柿はどこにあるの?」

「スーパーで売ってる」って。

今じゃ、その辺に柿がなってたって、おいしそう、盗みたいって思う人はあまりいないんでしょうね。スーパーで売ってる柿が、毒の入っていない、安全でおいしい柿ってことになってるみたいなの（笑）。

で、その子たちに、だいじょうぶだよ、私たち毎日食べてるけど死んでないし、病気にもなってないよ、だから食べてみたら? って言ったら、結局食べたんですけど、その子は最後まで、ダメなんだから、お母さんがお母さんがって言ってたんです。

こんなふうに、子どもが、頭で教えられていることで自分をコントロールして、おとなの都合のいいように生きてくれる。そうすると、気持ちも、心も動かなくなってしまうんです。

管理に慣らされた子どもたち

横浜のみなとみらいに木下大サーカスが来て、サーカスは子どもといっしょに見るのがい

ちばんね、と思って、割引してもらえるよう交渉して、電車に乗ってみんなで見に行きました。七月のとっても暑い日で、大きいテントの中の団体専用席に行ったら、けっこう空いてたんです。子どもたちと思い思いに、自分の好きな場所や、見やすいところを探して座りました。そしたら、別の幼稚園の団体が入ってきたの。

見ていると、彼らは並んで入ってきて、一列ずつ一人ずつピシッと詰めて座っていくのよ。ガラガラだからもっと広く使ってもいいんじゃない？　と思ったんですけど、園児たちが座ったら、今度は先生が子どもたちの後ろに回って、かぶっていた麦わら帽子をポンポンと頭の後ろに外していった。帽子のゴムはかけたままだから、子どもは首が絞まって苦しい、だからまたかぶる、すると先生がまた下ろすってやってて、先生たちも大変ね、いっそのこと帽子を集めたほうが早いんじゃない？　って思って見てたんです。幕間の休憩時間になっても、その子たち、動かないのよ。うちの保育者なんか、さっさとおせんべいを買いに行って、みんなに配ってたんですけど（笑）。

サーカスを観終わってから、どこかでお弁当を食べようって、横浜美術館の前に行ったんです。芝生があって、お弁当を食べるにはちょうどいい広場なんですね。でも、そこには噴水もあったのよ。

みんなリュック放り出して、ワーッて走って行っちゃった。誰も「はいっていい？」とか聞かないのよ（笑）。着替えを持ってきた子はそのまま飛びこんで、持ってない子はパンツ一丁になって噴水に入っていっちゃったんです。

ああ、どうしよう。きっと誰かに文句を言われる…って私はおろおろ思ってたんですよ。美術館の人が怒って言ってくるだろう。でも、待てよ、世界中に、噴水に入っちゃいけませんなんて法律、あったかしら？（笑）、トレビの泉もみんな入ってるわよね？（笑）。それに、ここに噴水をつくると心が潤うだろう、なんて、おとなが考えたことだから、おとなの都合どおりにはいかなくて、おとなの都合でつくったものを子どもが遊んでしまいました、法律でも禁止されてなかったですよねって言えばいいかって思ったら、腹が据わっちゃったんです。

そしたら何だかお腹が空いちゃって（笑）、先に食べてるねって私はお弁当を食べ始めたの。そこに、さっきの幼稚園の子どもたちが来たんです。

彼らはまたちゃんと並んで、シートを敷いて、お弁当食べてました。誰もこっち、噴水には来なかったの。その子たちと私たちは、一〇メートルも離れてなかったのよ。最後に男の子が二人来て、チラッと見て、何も言わずに元の場所に戻って、「トントンま〜え」「トントンま〜え」てやって、きれいに並んで、私たちの横を通り過ぎて帰って行ったんです。

そのとき私は、これだけの差がある子どもたちが、同じ公立の小学校に行くんだ…と思ったんです。小学校に上がったときに、不自由しないのはあの子たちのほうなんだって。噴水で遊んでるうちの子は、小学校に入ったとたんに、びっくり仰天なわけですよね。いいとか悪いとかじゃなくて、考えちゃいました。

うちでは、四、五歳児になると子どもたちの〝ミーティング〟っていうのがあって、保育者を交えて輪になって、子どもたちが自分の意見を出し合う、それぞれの考え方や本音をちゃんと口に出してみんなの前で言うってことをやっています。

そこでケンカになったり、お互いのことを分かりあったりしてるんですけど、私は〝自分の考えを持ちなさい、自分のやりたいことを持ちなさい、自分の人生なんだから、自分を主役にしなさい〟っていう意味合いのことを子どもたちに伝えたいと思って、この〝ミーティング〟をやってるんです。

でも、小学校に上がった途端、自分の意志とは関係なくやらされることが多くなって、「トントンま〜え」とか、一列に並んで座るとか、管理されることに慣れた子どもたちの中に入っていくことになる。りんごの木の子どもたちは、逆に面食らって苦労する。

だから、お母さんたちに、私の保育は私がいいと思ってやっていて、皆さんもそれを選んでくれたけれど、小学校に入ったら、子どもにいらない苦労を強いることになるかもしれないって言ったことがあるんです。だから、やめようかと思ってるって。本気で落ち込みました。

そしたら一人のお母さんが、

「何言ってるの！　私たちは確かに少数派だけど、少数派がいなくなったら、世の中おしまいだよ！　私たちはここを選んできてるんだよ、だからがんばろうよ！」と励ましてくれました。

私はりんごの木を卒業した子どもに「私と親のせいで、ご苦労かけてすみません」（笑）って思いがどこかにあって、責任はとれないけれど、これからも付き合っていこうよ、ずっとそばで見てるよって思っていて、夏のキャンプは毎年、卒業生を呼んでいます。

今年は二九歳が最年長で、全部で一四〇人が参加しました。大変だけど、異年齢で縦に長いって、緊張感がなくて、子ども同士がほぐれるし、下の子は上の年代を見て、甘えたり、影響されたりして、すごくいい関係になるんです。もちろん、卒業生のその後も見られるし、私もみんなも続けていきたいと思っています。

子育てとは自分を究めていくこと

卒業生のお母さんの話です。

子どもが小学校三年生のある日、泣きながら帰ってきた。どうしたの？　って聞いたら、ゲームを持ってないから、友だちが仲間に入れてくれないって言われた。

その人は本当に胸が締め付けられる思いだった。普通なら、じゃあ買ってやろうってなっちゃうけれど、そこで踏みとどまって考えて、やっぱり私は自分に嘘をついて子育てできない、自分がよいと思っていないものを子どもに与えることはできないって思って、息子にこう言ったんです。

「私はあなたがかわいいし、とても魅力的な子どもだと思ってる。でも私はゲームがキライで、買うのがイヤ。だからあなたにゲームを買ってあげられない。でも、あなたはゲームを持ってなくても十分遊べるし、素敵な人だとお母さんがいちばんよく知ってる。ゲームを持ってないからって仲間外れにするなんて、その子たちは意地悪でイヤな子たちだね」って。

そしたらその子は、

「そんなにイヤな子たちじゃないよ、いっしょに遊ぶときもあるんだよ」って言って、しばらくしてから、もう一度公園に行ってくるってボールを持って出て行ったんです。それで、ドッジボールしようってみんなを誘って、ひとしきり遊んで、ボール遊びにみんなが飽きて、ゲームに戻ったから自分は帰ってきた。公園でみんながゲームをしてるのは、ゲーム以外の遊びを思いつかないからだと、彼は気がついたんです。

そのお母さんは、もっと子どもが小さい頃、みんなと合わせないと孤立することも経験していて、でもそれでもいいと覚悟ができている人だから、そこまで子どもに言えたんですが、普通は、子どもがかわいそうって思って、イヤイヤながらゲームを買っちゃう人が大半だと思うんです。それでもいいと思います。でも、このお母さんのように、たとえそれが少数派でも自分はこうだ、みんなと違ってもいいんだ、としっかり思える人は、自分の考え、自分の育児を貫いていってほしいと思います。

子どもを育てていくってことは、そうやって親が、自分に向き合って、自分を究めていくことだと思うんです。

子どもが大きくなるまでに、いろんなことがあるけれど、そのときそのときで考えていくうちに、ああ、私ってこういう人だったんだ、こういうことはキライなんだ、とか、私はそういうふうに考えないんだ、と、親自身の考え方も形づくられていくんです。

子どものために自分がどうすべきか？　って思わないで、あなたはあなたらしく、自分がぶち当たっていけばいいんだと思うの。

誰かに何か言われたときに、無難に「すみません」って謝る親の子どもは、ああ、それはいい手だと思って、同じように無難にすり抜ける子になるかもしれないし、それを反面教師として、カミつく子になるかもしれない。子どもがどう感じとって、どう育っていくかは、親には分からない。だから、どうすべきか？　でなくて、自分がどう動くか？　っていうことが大事なんだと思います。

自分の生き方が世間の流れにそっていく人が常識人で、ルールを守る人なんだと思うんですけど、それが変だ、おかしいっていう人もいていいと思うんです。どれが正しい、正しくない、なんてないのよ。

でも、さっきの水風船の話のように、おとなになって近所の人とケンカをするのはつらいこと、勇気がいることだし、違う意見を持つ相手を説得はできない。反論したぐらいじゃ相手は変わらないです。相手のそれまでの人生や生き方もあるから、相手をこちら側に引き寄せることはできない。

だから言い返さずに、その場はサラリと謝っちゃって、後から、あのおばちゃんは水がキライなんだよ、だからあの人がいないときにやろうねって、子どもに言えばいい。もちろんケンカできるんだったらすればいい。子どもは自分を守ってくれたんだって感じます。もうケンカしないで、なんて言わないと思うの。

考えが違う人、価値観が違う人もいる。いろんな人がいて、いろんな考え方があるんだよってことを、子どもと共有すればいいいんじゃない？

りんごの木では木登りをしてると怒られちゃった子に言いました。

「木が大事な人もいるんだよ、その人がいないときに登ろうね」って（笑）。

木登りを不快に思う人の前で、これは正しいですからって言えないもの（笑）。

育児書ひとつとったって、いろんな考え方、いろんな価値観があって、どれも正解なんです。だから、自分にいちばん意見の似ている人を参考にして、そこから自分のできる範囲で行動していけばいい。

親の本音をさらけ出す

　あるとき、年長組のゆう君が、自動販売機のところで一円拾ったって言ってきたの……、

「あらそうなの？　何か買えるかしら？」

「なにもかえないんだよ、いちえんじゃ」

「でも一円って、貯めると一〇円になるんだよ、もっと貯めると一〇〇円になるんだよ」

「一〇〇えんだったらジュースがかえる」

　そしたら他の子が、

「ひろったものはじぶんのものじゃないよ、こうばんにもってったほうがいいよ」

　他の子は、

「えっ、このまえ一〇えんひろってこうばんにもってったら、おまわりさんが、どうもありがと、はいおだちんって、その一〇えんくれたよ」

「えっ？　おまわりさんのおかねじゃないのに？　それってちがうよな」

「じゃあ、コンビニにあるぼきんばこにいれるのは？」

「でも、ゆうくんのおかねじゃないのに、ぼきんばこにいれちゃダメでしょ」って、子どもたちはそれぞれに意見を出し合っていました。最後に私が、

「ゆう君はどうする？」と聞くと、

「ぼく、ためる」。

お母さんたちと、こういうときにどうしてるか話したことがあったんですけど、どうあるべきか？　じゃなくて、普段どうしてるか？　なんですよ。おとなも本当の自分をさらけ出しちゃうってことです。私だったらもらっちゃうって、拾ったお金を使っちゃう自分を見せてもいいいんじゃない？

何日かたって、ゆう君に
「お金貯まった？」って聞いたら、

「ううん、まだ」

「拾ったお金貯めてること、お母さんに言える？」

「いえない」って言うんですね。

お母さんには正しい自分、お母さんが思っているだろう正しい自分を見せたい。お母さんを裏切りたくない、汚れた自分を見せたくないって思いが、子どもってとっても強い。これは小学生でも中学生になっても続きます。するとお母さんと本音で話せなくなってしまうんです。

だからたとえば、

「お母さんも一〇〇円拾ったとき、使っちゃったことがあるんだ、大きな声じゃ言えないけどね」って、そういう〝正しくない〟部分を共有すると、子どもとの関係で、本音で話し合える要素ができる。

お母さんは子どもが良いか悪いか裁く人、管理する人って役割ばかりだと、子どもから本音は出てこなくなります。

本音の部分があって、したたかさが生まれる。それが生きる力になっていくんです。

卒業生で、色が黒くて天然パーマの子がいるんです。小さい頃は引っ込み思案で、いつもお母さんの後ろに隠れてた。お父さんのことさえ怖くて、お父さんがいっしょに遊ぼうって張り切っても、逃げまわってたような子なんですけど、その子が中学生だったとき、ちょうどテロリストのビン・ラディンがテレビで報道されて、お前はビン・ラディンだ、ビン・ラディンだってはやされていじめられた。

いじめられればいじめられるほど、自分が小さくなっていくような気がした。このままはイヤだって思って、ある日、同級生に向かって「おれ、ビン・ラディン」ってやり返してみた。そしたらみんなが笑った。そこから彼は自分を切り替えて、笑いをとる人になっていったんですね。確か生徒会長までやったと思いました。

ここなんですよ。

そういうピンチに自分が直面しているときに、それをくぐり抜けるだけの力と技を持っているか？　ってことだと思うの。それは、正論からは出てこない。

「ビン・ラディンって言わないでください」なんて言っても通用しない。その力や技は、人間関係の中で、本人の中に積もってくるものなんですね。

親はたいてい、「イヤなことはイヤって言いなさい」って言う。でも、イヤなことがイヤだと言える世界なんてどこにあるの？　自分より大きく強い相手に向かって、イヤだからやめてくださいなんて誰が言える？

本当は、泣くとか、逃げるとか、媚びるとか、袖の下とか、他の強い人とつるむとか、自分にとっての危機をくぐり抜けるためには、たくさんの方法を考え出す力が必要なのよ。でも、親って、純真無垢に、正しく強く生きてほしいと願いすぎてやしませんか？

だから、いい人ではない自分を親には見せない、見せられない。

正しい自分と思われているものしか見せられなくなっていく。

したたかな自分、親には見せられない自分を否定していく。

そんなじゃ生きていけなくなるのよ。親も目をつぶって、子どものしたたかさを認めなきゃいけないでしょ？

おとなが小手先で、こういう子に育ってほしい、なんて願いは、その通りになんていきません。思うように育たないのが子どもです。おとながどう育てたいかよりも、子どもの育つ力のほうがはるかに大きい。

そして子どもが子どもなりに吸収していくものは、親から言われたこと、教育されたことではなく、親の姿まるごとそのものなんです。

〈いい関係〉の三つのスタイル

子ども側から見たときに、〈子どもとおとなのいい関係〉って、私は三つのスタイルがあると思うんです。

一つは、守ってくれる、保護してくれるおとな。何かあったときに泣いて走っていける、そういう存在。それが最低限ね。

それから二つ目は、子どもから魅力的に見えるおとな。おとなってスゴい。早くおとなになりたいなって、畏敬の念を抱かせるようなおとな。子どもはそれをおとなに求めてる。ところが、今、それがなさすぎるんです。

昔、家族ごっこのお母さん役って、みんながやりたい役ナンバーワンだったのよ。ところが今、誰もやりたがらない（笑）。でもこれ本当なのよ。

子どもを監視して、やっちゃいけないことにストップをかける。これが世間での良い母親像になってしまっていて、それを一生懸命やっている人が良い母親ねって評価されるでしょ？　自分の子どもが、人に迷惑をかけるようなことをやらないように、よく見張って監視していて、ストップをかける。そんなことをいつもされてたら、子どもはみんな芽をつまれて、盆栽みたいになっちゃう。

早くしなさい、とか、勉強しなさい、あなたのために言ってるのよ、なんて言われても、子どもは絶対に感謝なんかしません。

「はやくしなさいっていってくれて、ありがとう」なんて言う？（笑）。

「お母さんは今、これやってるから何言われてもダメ！」っていう時間があっていいのよ。自分が好きなことをやっているときって、輝いていると思うんです。子どもを産む前に夢中になっていたことを取り戻せばいい。普段のお父さんお母さんと違った顔、おとなが夢中になって輝いている姿を、子どもに見せてあげたら？

りんごの木の運動会では、おとなの騎馬戦があるんです。それはすさまじいのよ（笑）。子どもたちは目がテンになってます。「すげえ！」って（笑）。

そのときは、いつものお父さんお母さんじゃなくなるんです。子どもは、自分たちもやりたくて馬は組めても、そこに乗って戦うことがまだできないの。これがあこがれですよね。おとなに聞いても、運動会で絶対に無くしたくない種目が騎馬戦よ。

そして三つ目は、親子としてというより、人と人との関係を持っていけるおとな。さっきのお金の話なんかがそうですけど、本音で話のできる関係をつくっていくことですね。親は監視する、管理する、そして裁く立場ってだけでやっていると、子どもは本音を言えなくなる。正しい自分しか見せられなくなる。家で本音が出せるってことは、子どもにとって、とてもありがたいことなんです。

かつてはみんな子どもだった。子ども心はあるはずなんです。ところが、自分に子どもが生まれた途端に、子ども心を潰してしまって、育てる側の人間、管理する側の人間になってしまう。

子どもの遊びって、本当はワクワクするはずなの。子どもだったんですから。自分の中の子ども心を出して、雪ソリや泥団子、やったことがなくてもやってみればいいじゃない？

汚れるとか、濡れちゃうばっかり言ってないで、いっしょに遊んだり、笑ったり、悔しがったり、工夫したりしていくうちに、世界を共有できると思うんです。そして、お互いに本音を言えるようになっていく。

子どもにとって、そばにいてくれるとうれしいおとなっていうのは、〝おとなであり、人であり、子どもである〟ということ。子育てをしてるときに、いつもそんなことを考えていなくてもいいんだけど、お父さんお母さんの顔だけじゃダメなんです。

お父さんお母さんである前に、人であり、その前は子どもだったっていうことを子どもに見せてあげられると、子どもにとってすごく魅力的なおとなになるんじゃないかと思います。

子ども時代は心のふるさと

今、プレーパークといって、自然の中で、子どもが自分の責任で自由に遊んでいい公園・遊び場が少しずつ増えています。遊具としての滑り台はない、でも自分たちで滑り台をつくるのはＯＫ、という感じね。森のようちえんも全国に広がっています。数はまだまだ少ないけれど、それでも少しずつ社会に浸透しつつあります。

日野市にある仲田公園で、子どもといっしょに外で遊ぼうって、森のようちえんのような活動をしているＮＰＯ法人「子どもへのまなざし」があって、今度お話に行くんですけど、そちらでは「なかだの森通信」というものを出していて、その中に、Ｋ君という中学一年生が書いた文章が載っています。ちょっと読みますね。

〝(前略) ぼくが小学校三年生のときだったと思う。

近所の公園で木登りをしていたぼくは、知らないおばさんに声をかけられた。

「ぼく！　危ないから降りなさい」

まだ小学生だったぼくは、知らない人に反論することもできずに、すごすご木から降りた。

が、なぜ、知らない人にそんな指示をされなくてはならないのかと思った。

ぼくが登っていた木はせいぜい六メートルくらいである。

もちろん、六メートルの高さだって落ちたら死ぬことはあるだろうし、そのおばさんが親切で言ってくれているのはわかる。

けれど、ぼくは自分の力量を知っている。

できること、できないことは自分がいちばんわかっている。

初めてぼくの木登りを見たおばさんが、実は木登りの達人で、ぼくの動きを危ないと思って言ってくれたなら話は別だが、おばさんは、単に高いところに子どもがいるのがこわかっただけなんだろうと思う。

つまり、自分の「感覚」が、ぼくにストップをかけた判断の基準だったのだと思う。そんなことで、ぼくは自分のやりたいことを止められてしまったのだ。

長いこと〈子ども〉をやっていると、こういうことはよくある。自分が経験しなくても、しょっちゅう、そういう場面を見る。たとえば、公園の滑り台。おとなは上から下に滑るものだと思っている。

けれど、ずっと同じように滑るだけじゃ、すぐに飽きる。子どもはできないことに挑戦して、できるようになるのが面白いのだ。滑り台を上から滑って喜ぶのは、やっと滑れるようになった幼児だけなのだ。

なのに、ちょっと大きくなった子どもが、下から滑り台を登っていると、たいていのおとなは怒る。

「そっちは滑るところでしょ、登るのは階段から！」

だれかが上で滑ろうと待っているのなら、その注意は正しい。でも、誰もいなくても言うのだ。

どうしてだか、一度聞いてみたことがある。すると「滑るところを土足で登ったら、次の人が汚れるじゃない」と言われた。

信じられない。

子どもが公園で遊んだら、汚れるに決まってる。汚れないなら、それは本気で遊んでないってことなのだ。

おとなは、子どもが「楽しく真剣に遊ぶこと」よりも「服を汚さないこと」の方が大事なんだろうか。

基本的人権のなかには、たしか「幸福追求権」というのもあったと思う。

ぼくの幸福は、「やりたいように自由に遊んでいるとき」にいちばん感じられるものだ。ぼくだけではなく、たいていの子どもはそうなのではないかと思う。

なのに、遊びが危険に見えたり、服を汚すものだったりすると、たいていのおとなは「やめなさい」と言う。

危険な遊びや、汚れる遊びは、おとなの「幸福追求権」を侵害するから止められるのだろうか？

そうではないのなら、止めないでほしい。

ぼくらの幸福を奪わないでほしいと思う。〟

すごくいい作文でしょ？　これはK君が、夏休みの宿題「人権作文」として書いたものなんですが、子ども側から言われると、説得力あるでしょ？

K君のお母さんは、相模原の銀河の森プレーパークというところでスタッフをしていて、K君は幼い頃からプレーパークで遊んで育ったということです。

子ども時代は、おとなになったときに帰ってくる、心のふるさとなんです。その子ども時代の遊びを保障してあげること、それはおとながやらなくちゃならないことなんじゃないかと私は思います。

うつ・不登校・引きこもり

子どもが、子ども時代を過ごしていない。

おとなの価値観でがんじがらめにされて、滑り台は上から滑ることって、遊びすら任せてくれない。どうして、子どもの遊びを子どもに任せておいてくれないのか？

子どもの発達段階をおとなが知らないってこともあるけれど、私はやっぱり今のおとな社会の貧しさが現われていると思うんです。社会の歪みが、いちばん弱い子どもにきているんだと思います。

そんな中で〝いい子〟をがんばっている子どもたち。どこかで破裂するんです。昔から家庭内暴力も、校内暴力もあった。いじめもあった。そういう外に向かう破裂もあるけれど、今は鬱(うつ)になる子どもが増えています。

外に出せない子はこもっていくんです。

親にはいい子ども。勉強もできる。塾での成績もいい。親子関係もうまくいってる。でも、それは、親の言うとおりにしてくれているからうまくいってるのよ。お母さんを満足させるために、子どもががんばっているから、うまくいってるように親には見えるんです。

この子どもの背伸びやがんばりが、親にはなかなか見えない。さっきも言ったように、親には親が望んでる姿しか見せられない。家では本音が出せないから。

がんばってテスト八〇点とった。そしたら「今度は九〇点、がんばってね」って返ってくる。「うるせえ!」って言える子はまだいいんです。言えない子はこもっていくんです。部屋から出なくなる。不登校になる。リストカットする…。これって特殊なケースじゃないんです。引きこもりなんて、今やどこにでもあって、誰でもなりうる状況です。

りんごの木では、保育時間が終わった後、小学生の遊び場のようなことをやっていて、その中には不登校になっている子どもたちもいます。

たとえば、中学受験して、自分の手の届きにくいところを狙って、塾にも通ってがんばってがんばって、ようやく入学することができた。入れたら楽になると思ったら、そうじゃなかった。テスト、テストで成績評価。もう緩められない。それで不登校になっちゃったんです。その子は学校に行きたいんです。あんなにがんばったんだから、あきらめずに行きたい。でも行けないんですよ。

学校で、朝からずっと座っていて、塾でも夜の一〇時すぎまで座らされ、頭に何か詰め込まれている。空いた時間に公園で木登りすれば周りのおとなに怒られ、ゲームか何かでやっと自分をごまかしている。どう考えたって、健康な子どもが育つわけがないんです。プレーパークも、森のようちえんも増えてはいるけれど、爆発的な増加というわけではない。やはり少数派なんです。

なんで少数派なんだろうって考えたら、遊びは大事って口では言いながら、それが親の胸の中にストンと落ちていない。もう親の世代が、子どもの頃に遊んでいないってことなんですね。

白梅学園大学の学長をしている汐見稔幸さんの説では、一九七〇年代から子どもの遊びが変わってきた。車社会になって、地域に子どもが群れなくなった。「車は急に止まれない」という標語は、「子どもは急に止まれない」にすべきだった。路地で遊んでいた子どもが追い出されて、子どもから子どもへ伝承されていった遊びが途切れちゃったそうです。

そして今の子どもは何をして遊んでいいか分からない。おとなが決めた正しい遊び方を守って遊んでいては、自分の欲求に満たない。おとながいいって言ってくれるものは、ゲームのように、じっとしているものしかない。スポイルされた、指示待ちの子どもたちは、おとながつくってしまったんです。

少数派で、つらいこともあるし、子どもを保障しようと思うと、他のおとなの「幸福追求権」を侵害するかもしれないけれど、少しずつでもいいから火を燃やしていって、それがいろんなところに広がっていけばいいと思っています。

世の中、こういう人が多いけど、これでいいんだろうか？　とか、こんなことがあったんだけど、私、間違ってない？　って言い合える仲間を持って、親が生き生きと、自分らしく生きたときに、子どもはきっとそんな親に共感してくれるでしょう。親の背中をみて子は育つことでしょうね。

今日はありがとうございました（拍手）。

ころりん村にて　その六

子どもの育つ力を信じよう

こんにちは。あきる野はまだ雪がけっこう残ってるわね。この前降った雪でしょ？　雪って、おとなになると、雪かきだとか、通勤だとか考えるだけで憂うつだし、電車やバスが止まったり、生活そのものも大変になっちゃうけど、子どもには天からのプレゼントよね。雪が降るかもってだけで外に飛び出してって、空を見上げて待ってるでしょ？（笑）。

ころりん村は雪が降ると、お休みになっちゃうの？　バスも送迎の人も通園が大変だから？　それってすごくもったいないわね（笑）。

遠くから来てる人が多いからかしら？

りんごの木は、雪の日はわざわざ開けたりしたこともあるのよ。こんな日を逃してなるものかって（笑）。

雪、氷、水って、子どもは例外なしに遊ぶわね。他のオモチャなんか何にもいらない。バケツに張った氷は、絶対取り出して割る（笑）。

このあたりには、霜柱が立つところ、いっぱいあるんじゃない？　あれを踏んづけるの楽しいわよね（笑）。

アスファルトしかないと、ただ道が凍って滑るだけだけど、すみっこの土のところに霜柱できてるかな？　ってのぞくと、たいてい先客に踏まれてたりするのよ（笑）。

先日、りんごの木で三歳の男の子が砂場で水遊びをしてたのね。水が流れて、砂場に穴が開いて、水たまりみたいになって、またそこから溢れて流れてって。彼はそれを一時間ぐらい続けていたんですけど、その日の最後に彼が発した言葉が、「ながれてる」だったのよ。

次の日彼は、朝、来たときから水をかけて、「ながれてる、いっぱいながれてる！」って言うの。

そしてホースを引っ張ってきて、水を出して、「ながれてる、ながれてる！」を連発してたのね。

そこへ保育者が雨どいを持ってきて、上から下に流れる水ができたんです。彼はそこへいろんなものを落とし始めたの。葉っぱや、おままごとの道具をね。

こうなると、もう水がもったいないからやめなさいなんて言えないですよ、研究費ですもの（笑）。そしたらだんだんみんなの遊びになって、これは流れる、これは流れないっていうふうに広がっていった。

この遊び、おうちや公園だったら「もういいかげんにして！」ってストップが入っちゃうと思うんです。

昔は町の道路の脇にドブがあって、子どもたちはみんな、葉っぱを落として流れていくのに夢中になったものなのよ。学校帰りにやらなかった？　今はドブにフタがされてしまっていて、流れる水が身近にないけど。

「おもしろい！」って、子どもの心が動いたものを、納得するまでとことんやらせてあげるって、大事なことだと思うんですね。

子どもがおもしろがって、ああだこうだとやってることを、おとなは、

「これが何につながりますか?」って言うのよ。

何かの足しにならないと、遊びが許せないのよね。どうしてこうケチなのかしら(笑)。楽しかったね、おもしろかったねっていう満足感、達成感、それがどんなに意味あることだろうかってわたしは思うんです。子どもの頃の「おもしろい」っていう心の動きは、いつか本物になっていく気がするの。

抜け落ちていくのは〈心〉

最近は、お金をかけて効率よく、子どもをさっさと立派に育てようって人が多い。りんごの木は横浜市の都筑区っていうところにあるんですけど、近くには〃体育〃か〃英語〃に力を入れている幼稚園があります。

〃体育〃や〃英語〃を小さいうちから。この傾向は全国的なものです。

〃体育ローテーション〃って知ってる? これも全国に広がりつつあるんだけど、跳び箱とか、縄跳びとか、いろんなものが並べられていて、先生の笛の合図で、子どもたちがそこをくるくる回るの。スポーツジムみたいなものよ。

「これで全ての筋肉が鍛えられます。ケガが少なくなってきました」って言うのよ。ケガをしないように、子どもの筋力をつける、鍛えるためにやってるってことね。

でも、やりたくてやってるとはとても思えない。やらされてるだけなんだと思うんです。人間を育てていくときに、粘土細工のように、体力、知力って部分的にくっつけていって、人間の形に形成してるような気がするの。

でも、そこで抜け落ちてしまうものは〈心〉なんです。

人が、特に子どもが大きくなっていくときは、まずは自分が感じて、心が動く。それがすべての機動力になっているとわたしは思うんです。

「カッコいい」

「おもしろそう」

「ふしぎ！」

「やってみたい」

って、心が動くことによって行動に移すんじゃないですか？　そしてやっていることをどんどん突き詰めていって、探求心がわき、やがて達成感、満足感を得ていく。

何かをトレーニングされて大きくなっていった場合、そこから抜け落ちていくものは、心の発達と、やる気です。

自分がどう感じて、どんな興味を持っているか、は、そこには全く入っていない。自分が中心になっていないんです。

そういう、おとなの価値観でつくられたものであってもこなしていける子はまだいいんです。ところが、乗っていけない子が必ず出てくる。

子どもに必然性がないことをやらせるっていうことは、管理もキツいわけで、馴染めない子も当然出てきます。

りんごの木に転園して来る子も毎年いるんですが、その子たちは、明らかに様子がおかしくなっているんです。体が強ばって硬直している。あるいは走り回ってしまう。しゃべれなくなってしまった子もいました。言葉を失うって、かなりの心の傷で、大変なことだと思うの。しばらくそっと見守っていると、生気を取り戻したり、表情を取り戻したり、落ち着いてきて元に戻っていくんですけど。しゃべれなくなっちゃった子は二か月かかって、おしゃべりする子に戻りました。その子のお母さんは、しゃべれるようになったわが子を見て、涙を流していました。

別のお母さんはこんなことを言ってました。

「今までは園から家に帰ってくると、今日はいい子にしてたよ、怒られなかったよって話しか出てこなかったんですけど、今は、誰ちゃんと遊んだとか、誰ちゃんはイジワルなんだとか、生々しい声に変わってきました」

りんごの木には、いろんな障がいがある子もいっしょにいるんですけど、運動会のときに、その障がいがある子が走るのが遅くて、四、五歳児のみんなでどうしようか？　ってミーティングをしたことがあるんです。

「はしるのやめさせる?」

「でもはしりたいんだよ」

「どうしたらはしれるかな?」

「りんごをやめてもらえば?」って話し合っていたとき、他の園を辞めて来た子は、って言いました。

ああ、この子の傷も深いなって思いました。

自分たちにとって迷惑をかけるもの、邪魔なものは切り捨てていくって文化の中にいたってことですよね。

幼児教育をやっている人たちが、どうして一人ひとりの子どもを大事にできないんだろう? って思うんですけど、大事にするやり方が違う。親の価値観にのっとって、きらびやかなことを振りかざすのが今の流行なんだと思うんです。

これからますます、保育業界はサービス業になっていくと思います。親の要望に応える園が人気になっていって、親は見た目に、できなかったことができるようになる、たとえば鉄棒の逆上がりができるようになれば、それで子どもが成長したような気になっちゃうんだと思うんですね。

親には見えない子どもの力

本来、子どもは育つ力を持っているってわたしは確信しています。ただ、それがおとなには見えていない、ただ見逃してるだけのような気がするんです。

なっちゃんっていう三歳の女の子、意志がはっきりした、自由奔放な子なんですけど、ある日、りんごの木の砂場にある、オモチャ用の古いガスコンロで、片手ナベとオタマを持って、泥で料理し始めたの。そこに二歳のゆうた君がオタマを持って、隣に行って、

「カーンカーン」ってやり始めた。

なっちゃんは、

「うるさい！」

でも、ゆうた君はなっちゃんが反応してくれたことがうれしくて、ますます、

「カーンカーン」

なっちゃんは、

「うるさい！」って、今度は手が出ました。

でも、それには手加減がされてました。ゆうた君はますますうれしくなって、

「カーン！カーン！」

なっちゃんは、「もう！」って、その片手ナベをゆうた君と反対方向にバーンと投げていなくなったんです。怒りをちゃんとそらしたんです。すごいでしょ。

しばらくして、ゆうた君が、朝、お母さんとバイバイするのがつらくて泣き出したときに、なっちゃんが行って、手をつないだの。ゆうた君は泣きやみました。子ども同士って、こうしてコミュニケーションをとっていくんです。

こんなふうに、子どもの力が、おとなには見えていない。

前にもお話ししましたが、今の世の中は、おとなが「かして」「どうぞ」「ありがとう」なんて言葉を、子どもがしゃべれるようになったと同時に、まるで記号のように教えこんでいってます。人間関係をスムーズにする道具としての言葉ね。

そうすると、言葉が心とは別物になって、こういうときにはこう言わなければならないってなっていくんです。

りんごの木で、二歳のあっくんっていう子が他の子に噛みついたとき、わたしが、「噛んじゃダメ！」って言ったの。そしたらその後、あっくんは歩きながら、「かんじゃダメ、かんじゃダメ、やさしくやさしく…」って、まるでお経のように唱えてました。

彼には噛むという行為と、このセリフがセットになってインプットされてしまったんでしょう。心は動いていないですよね。

わたしは言葉に頼らないようにしたいと思っています。特に二、三歳児は、正しい言葉で言うことの練習のようなものはしません。アー、でも、キーでもいい。そんな声から、この子はこういうことが言いたいんだな？　って感じたことを、「イヤになっちゃったよね？」ってわたしが言葉化していくの。

感情をできるだけ言葉に直結させたいんです。

この前も三歳児のクラスに行ったら、一人の子が棚にあるものを全部落として、サルのように「キー！」って叫んでるのね。それに応えてみんなが「キャー」とか「ワー」とか叫んでで、唖然として見てたんですけど、すごく盛り上がってるの。人と心を合わせるって、特に小さい子の場合は、意味が分かって納得し合うんじゃなくて、心が共鳴しあうって感じかしら？

ありったけの自分、感じていることや興味や、いろんなことをストレートに表現していくと、四歳ぐらいからそれに言葉が乗っかってくるのよ。自分のありったけを表現することの気持ちよさを知っている子は、言葉と心を結びつけていきます。

「かして」「どうぞ」なんて、記号のような言葉の使い方だけを教えていくと、言葉が、気持ちの表現とか、心のありったけの表現とは別物になっていくんです。

子ども同士の寄り添い

りんごの木では、四、五歳児になると子どもたちの〝ミーティング〟っていって、保育者を交えて輪になって、子どもたちが自分の意見を出し合うことを毎日やっているんですが、先日のミーティングで、四歳のこまきちゃんっていう女の子が、イスの上に丸まって頭を抱えて、イヤなことがありましたって姿だったんですね。

それで「こまき、どうしたの？」っていろいろ原因を探っていくと、りんごに入ったばかりの四歳児、やんちゃ坊主の被害に遭って、それがイヤなんだってことが分かった。

「困ったわね、どうして乱暴になっちゃうのかしらね？」って言ったら、まりかちゃんって子が、

「あそびたいんじゃないの？」

「えっ？　どうしてまりかには遊びたいって分かるの？」

「だって、わたしもよくつきとばされたりするの。そのときにあそびたいの？　ってきくと、うんっていうんだよ」

「あ、そうなんだ。じゃあ、同じようにされたことのある人？」

そうみんなに聞いたら、何人かが手を挙げたんですけど、どの子もその子を受け入れそう

な子なのよ。すばらしい人選。

「じゃあ、自分が三歳くらいのときに、遊ぼって言う代わりに、ボンボンぶつかってったことのある人？」って聞いたら、これもまた何人か手を挙げたの。

「そうか、今はもうやらないけど、三歳のときは、遊ぼって言う代わりに、ボンボンぶつかった子、たくさんいたよね？　そうしていっしょに遊んで友だちになってった子、いっぱいいるんじゃない？」って言ったら、そうだ、あの頃は自分もそうやったっていう子が大勢いて、

「ともだちになりたいんじゃないの？」

「こまき、友だちになりたいのかもしれないよ。どうする？」

こまきちゃんは首を横に振って、イヤっていう意思を示したの。そのときはそれで終わったんです。

それで二、三日過ぎて、またこまきちゃんが同じポーズなのよ。

「こまき、また？　この前まりかが言ったように、遊ぼ！　って言いたいだけなのかもしれないけど、イヤなの？」

「あそびたくない」

「そういえば、いつも周りに行くよね？」

「こまきのこと好きなんじゃないの？」

「あんなのすきになれない」

「おれらがこまきをまもってやる、そばにきたらふせいでやるから」とか、

「どっかににげちゃえば？」

「つよいこにまもってもらう」

男子たちが意気揚々と、

「じゃあ、おれがかわりにともだちになってやる！」って子も現われて、

「よかったね、こまき、みんながこまきを助けてくれるって、もう安心だね！」って言ったら、こまきちゃんは首を振って、

「じぶんでする」そう言ったのよ。

わたしはそのときすごくとまどって、〝今日もわたしは困っています、助けてください〟ってポーズで、だからみんながこんなに一生懸命、こまきちゃんを守る方法を考えてくれたのに、何で？ って、その日一日考えたのよ。それで、きっとこういうことだと思いあたったの。

こまきちゃんがとても困っていたのは本当だと思う。でも、自分が困っていることがみんなに伝わった、みんなが自分を守ってくれようとしている、自分を大事に思ってくれてる、自分に寄り添ってくれてる、そうこまきちゃんが思えたとき、自分で何とかできるって力が沸いてきたんだと思うんです。

人間は何かがあったときに、寄り添ってくれる人がいることで、本来の自分を取り戻せて、一歩踏み出せる。問題を解決してくれるとか、理解してくれるとかいうよりも、寄り添って

くれることで自分を取り戻せる。まさにこれなんだって、子どもに教わった気がしました。そしたら昨日、こまきちゃんとやんちゃ坊主は手をつないで遊んでる。子どもってすごいなって思いました。

〈先取り不安症候群〉

ころりん村も、子どもの遊びを保育の中心にしていて、りんごの木と似てるんですけど、皆さん、小学校に入れるの不安じゃない？（笑）。

他の幼稚園と比べたときに、字を書く練習をしてなくて本当にだいじょうぶなの？ って思ったことない？（笑）。

ひら仮名はもちろん、簡単な漢字や算数も教えますって幼稚園、多いわよね。小学校に入る前に、一時間、イスに座っていられる訓練をしたり、二〇分間でお弁当を食べ終わる練習をしたりする幼稚園があるんですけど、何なのそれ？（笑）。

でも、親としては、練習したほうがいいんじゃないかしら？ 遊んでばっかりじゃダメなんじゃないかしら？ って不安になる部分もあるでしょ？（笑）。

うちの親たちも、けっこうみんな感じていると思います（笑）。

だけど、子どもが一時間座ってられるのって、自慢になりますか？

〈先取り不安症候群〉って聞いたことある？

先日、全国的な保育者の会で、その話題で持ちきりだったんですけど、たとえば幼稚園に入るとき、

「この子はお友だちとうまくやっていけるかしら？」

「仲間外れにならないかしら？」

とか、小学校に入るとき、

「迷わずに学校に行けるかしら？」

「ちゃんと座っていられるかしら？」

「帰りは安全かしら？　寄り道しないかしら？」

「学童に一人で行けるかしら？」

「先生の言うことをちゃんと聞けるかしら？」

いいかげんにして！　って言いたいです。あなたのことじゃないのよ。

幼稚園も小学校も、行くのはあなたじゃなくて子どもなの。あなたのことじゃないことをああだこうだと心配するのは、子どもにとってご迷惑なの。なぜかって、あなたの心配を子どもに背負わせてしまうから。

あるところで、四年生の子のお母さんに、

「忘れものをしないように、ランドセルの中身は全部わたしが揃えてます。どうしたら自分

ですようになりますか？」って質問をされました。

「えっ？　あなたがするから、自分でやらないんじゃない？」

「でもわたしがやらないと、忘れものしちゃうんです」って言うのよ。

忘れものしたっていいじゃない。

子どもなんて困れば困るほど、考えるようになるわよ。

たとえば算数のノートがない、忘れちゃったんだ…。そしたら、他のノートを破るとか、先生に言って紙をもらうとか、机に書いちゃうって子もいたけど、でもそうやって困るから考える。困るから思考の幅が広がる。その中で自分が何を選択するかを常にやっていく。子どものことは、子どもに任せればいいんです。

困らないと依存する以外にないんですよ、

「お母さん、今日は算数のノート入れるの忘れたでしょ？」ってね。

そういう、子どもが困らないように困らないように、と、先回りする親の愛情が、逆に子どもが自分で判断し、行動する能力を奪っているとわたしは思うんです。

この〈先取り不安症候群〉って、この先もずっと続くのよ。小学校、中学校、高校、大学も、就職も、婚活も。どこまで親が？　今じゃ会社の説明会に、親がついてくるっていうじゃない？

今の社会は、常に、何から何まで、親に必要以上に子育ての責任の片棒を担がせている。

学校の宿題をやったら、親がサインしなきゃならないとか、プールカードに親のハンコがなければ、健康で熱がなくてもプールには入れません、とか。

うちの保育者は、わが子の通っている学校から電話がかかってきて、「プールカードにハンコがないから入れません」って言われたのよ（笑）。サインはしてあるのよ、でもハンコじゃないとダメなんだって（笑）。その電話でも、健康です、熱もちゃんと計りましたって言ったのに、ダメなんだって。じゃあ何でわざわざ電話してくるのかしら（笑）。

何でもかんでも親に責任の片棒を担がせたその結果、会社に入って、転勤命令が出たら「うちの子は地方は無理です」って、親が電話をかけてくる時代になってしまった（笑）。

自分で決めていいんだよ

夏に、五歳児だけを丹沢の「ペガススの家」っていうところに連れて行くんですけど、親は抜きで、子どもだけ連れて行くので、行くか行かないか、最終決定は子どもが自分ですることになってるの。

五歳児って、仲間意識が濃くなってきて、もっと遊びたい、夜まで遊びたいっていうから、じゃあ泣かないなら連れてってあげるっていうのが始まり。

五歳でお泊りに行けることが普通でも何でもないですよ。お母さんと離れるのが辛いんだったら、無理に行くことはないと思っていて、だから一人ひとりに、行くか行かないかを決めてもらうのね。

『ぼくは行かない』って絵本を出したのも、しんちゃんに、

「行く？　行かない？」って聞いたとき、

「ごめんなさい、ぼくはいけない」って言ったの。その「ごめんなさい」がすごくわたしにはこたえて、この子は自分が行けるか行けないか？　ってことよりも、お父さんお母さん、そして愛子さんが行かせたがっている、その気持ちにこたえられなくてごめんなさい、だったんだな、自分の気持ちとおとなの気持ちの葛藤で辛かったんだなって、とっても申し訳ない気持ちになって、

「ごめんなさいなんて言わなくていいんだよ、自分の気持ちで決めていいんだよ」って言ったんですね。

そしたらしんちゃんが、

「ぼくはいかない」って言ったから置いていったんです。両親はわたしが説得しました。そのときはお母さん、すごく辛かったみたいでした。

この前、二〇歳になった卒業生の集まりがあって、そのしんちゃんも二〇歳になったんですけど、彼は来なくて、お母さんが来たの。

「今、うちのしんたろうは一人でニューヨークに行ってます」

ね、小さいうちにできたから、できなかったからって、それは一生ものではないってことなのよ。

人間って生き物だから、常に変化してるんですよ。ところがどういうわけか、皆さん、幼児期に完成させたがってしまうのね。

何もそんなに急ぐことはないし、これから一生をどうやって渡っていくか、楽しみにしてくれればいいと思うんですけど、小さいうちに、小さいうちにって、親は栄養素を口の中に詰め込みたいの。食べたくもないものを突っ込まれたら、吐いちゃうだけなのに。

親が自分で決められない

今年の泊まりの雪遊びも、男の子が一人、行かないって結論を出したんです。彼は、夏のキャンプのときに、お母さんと離れて寂しかったから行かないって、自分で決めました。だから至ってさわやかなの。

ところが、お母さんがそれを受け入れかねる。みんなが行くのに、自分の子どもは行かない。みんなと違う結論を出した自分の子どもを、お母さんが引き受けられない。お母さんのほうが、自分が人と違うことに耐えられないんですね。

雪遊びに行かない子は、当日、みんなの出発を見送りに来ることになっていて、それは、自分で決めたことはこういうことだよって子どもに自覚してほしいからなんですけど、お母さんが、

「わたしはとても行けません」って見送りに来なかったの。

それからしばらくして、お母さんが相談に来て、自分がイライラしてたら、彼は潔癖症に近いような状態になってしまった。もうすぐ小学生になるって緊張もあると思うんですけど、不安のかたまりになっちゃったんです。

「おかあさん、ぼくのことすき？」って何度も聞く。

お風呂もお母さんといっしょじゃないと入らない、お母さんのおっぱいが飲みたいって言う。

子どもは不安を抱えると、多くの子がこういうサインを出します。もう一度赤ちゃんに戻してってサインだと思うんです。

子どもの側じゃ、親が行ってほしいと思ってるってことは、お見通しなの。

言葉では、「行かなくてもいいのよ、あなたの好きに決めていいの」って言ってても、本心は違う。そんなことはちゃんと見抜いています。

習い事なんかもそうね。「辞めてもいいよ」って、言葉だけなのね。

本心は、「あんたのためなんだし、お金もかけたんだから行きなさい」ってことなんだって、

子どもは親の表情から読んでます。

去年も雪遊びに行かなかった子がいました。その子に、「お母さんといっしょだったら行けるの？」って聞いてみたら、「……もし、おかあさんといっしょにいったとするでしょ。そしたらおかあさんは、ずっとおこったかおしてるとおもうから、やっぱりいかないでおかあさんといっしょにいる」

親の行動さえ読んでるんです。

「あのね、彼はとてもさわやかに、行かないって言ったのよ」って言ったら、そのお母さんは、「あの子は人と違うことが平気だけど、わたしには耐えられないんです。でも雪遊びのことは、行かなかった日、わたしが部屋で向き合っているのに耐えられなくて、一人で遊びに行って、あの子があんまりうれしそうだったからもう吹っ切れました。問題はわたしなんです。わたしは今まで育ってきた中で、親が何を望んでいるか？　を最優先にしてきて、わがままと言われたことは一度もありません。わたしは自分の意志を持っていないから、どっちにする？　って聞かれるのがいちばん困るんです。だから、わたし自身はりんごの木にいることがつらいんです。先生も親の皆さんも、自分の意見がはっきりしていて、いつでも自分が出せています。でもわたしは、自分の意志を持たないで、今までずっと過ごしてきたから、ありのままがないんです。ありのままのあなたでいいのよって言われるのがつらいんです」って言いました。

それでわたしが、
「このまま、人生は自分が主役じゃなかったなって終わるの、あなたは幸せだと思う?」って聞いたら、
「思わないと思います。自分が存在している意味があるんだろうか? っていう不安を常に抱えてるんです」って言ったのね。

こういう不安を持っている人、すごく多いです。

今まで、親や周囲の意見だけをとり入れて、自分で判断しないで自分の人生を決めてきた人が、「これだけやっておけば、お子さんは絶対だいじょうぶです!」って謳い文句に飛びついて、幼稚園に入れたり、遊ぶ暇がないほど習い事だらけにしちゃうんだろうな…って思ったんですけど、人の要求に応えるだけで生きてきてしまった人は、言いかえれば、自己肯定感がないんだと思うんですね。わたしはこれでいいんだっていう、開き直りができない。

もっと自分の心をとり戻して、自分に正直に生きてほしいと思うんです。

ぼくは雪遊びに行かないって断言するわが子を持ったおかげで、みんなと同じじゃないのってありなの? って立ち止まって考えられたわけでしょ? そしてそのことが、あなた自身を育てていくんだと思うよって話をしたんですけど。

自分の人生は自分が主役

日本は、子どもが孤独であると感じている割合が、ダントツで世界トップなんですけど、おとなも孤独であるっていうのも世界一なんじゃないか？　と思うのね。誰かに遠慮したり、周りに迷惑をかけないことだけにとらわれて、本音で自分の意見を言える関係が持てない。ありのままの自分さえ見えなくなっている人がいっぱいいると思うんです。

「どういうときに叱ったらいいでしょうか？」って質問をよく受けます。

「あなたがイヤだと感じたときよ。叱るときなんていちいち考えてないわよ。心がムシャクシャして、何やってんの！　でいいんじゃない？　叱りすぎたなって感じたら、後で子どもにごめんねって謝ればいいのよ」って答えるんですけど、こういう人もいました。

「わたしは親の言うとおりに生きてきました。結婚も親が決めました。今でも親と同居しています。そうしているうちに、自分の心が動かなくなってしまったんです。だから、お父さんにこういうときは叱らなくちゃダメだよって言われたときに叱るんです」って。

何だか、形は幸せかもしれないけれど、不幸な気がするのね。

「もっと自分の生々しい感情をそのまま出していいのよ。もちろん、虐待していいってことじゃないけど、どういうときに叱ったらいいか？　なんて考えるのやめなさいよ」って言ったんですけど、もうちょっと自分に正直に生きる、そしておとなが自分自身の心をとり戻してほしいと思うんですね。

いいお母さんねっていう、周りからの評価ばかりが気になって、どんどんガードが固くなっていって、本音が出せなくなってきていると思うんです。本音が出せないから孤独を感じる。先日、わたしの本を読んでくれた方から、メールをもらったの。

「わたしは子育てでイライラしています。だからあなたの本を読んだのに、いっこうにイライラがおさまりません！」って、抗議のメールだったわけよ（笑）。

それでね、お役にたてなくてすいませんね（笑）って返信を出したんですが、

「…あなたのご自宅の様子をうかがうと、小さい子どもが二人いて、手がかかることを十分承知している。夫も育児に積極的だし、ご両親が家事をやってくれて、自分は思うように仕事ができる。でも、なおかつイライラするんだったら、問題は子どもにあるんじゃなくて、あなたにあるんじゃないでしょうか？」って書いたのよ。

その後何回かやりとりがあって、結局、家の中に自分の居場所がない、だからイライラしてるんだってことが分かったの。育児は夫が、家事はご両親がって理想的に見えるけれど、ご飯の前にジュースはダメって言うと、夫や親が甘くて「いいよ」って言ってあげてしまう。だから母親である自分の言うことをきかなくなる。ママはケチだって、子どもに嫌われるだけ。自分はこの家で必要とされていないんじゃないか？　そんな孤立感、孤独感からイライ

ラしていたんだと思うんです。

その人には、

「子どもたちは、自分のことをいちばん考えてくれてるのは誰なのか、本当は分かってる。あなたの出番はこれからきっとくる。子どもたちが本当に辛いときに、泣いて戻ってくるのは、ジジババじゃなくて、あなたのところよ。だからそれまで楽をしたら？」

そしたら、「久しぶりによく眠れました」って返信が来ました。

自分を出さず、わがままも言わないで、周りとのおさまりがいい人って、いい人ねって思われるかもしれないけれど、自分がない人にもなりかねないんです。

「この子いい子ね、ちゃんとしつけてるわね、いいお母さんね」なんて言われたって、あなたと子どもの幸せを保障してくれてるわけでも何でもないんだから、もっと自分に正直に生きて、お母さん自身が人としての心をとり戻してみませんか？

子どもを育てることによって、自分であれっ？　と気づく、そこから自分の芽が出てくる。自分の人生は自分が主役であるってことを、子どもだけじゃなくて、おとなもとり戻さないといけないなって感じます。

まずおとなが幸せに

〈先取り不安症候群〉っていうのも、結局は、親の気持ちが焦ってしまって、自分自身のことは棚に上げておいて、子どもの人生だけ見てコントロールしようとしてるから起きることだと思うんです。

この子の役に立てれば自分のことはいいって、子どもの人生が生きがいになっている。子どもの人生を見続けることで、われを忘れている。そして子どもに、この社会の中で支障なく生きていくための手立てを、一生懸命貼り付けようとしている。

だけど、それはその人にとっても子どもにとっても、本当に幸せなことなんだろうか？ って思います。子どもを大事に育てているというより、子どもにしがみついて生きているような気がするのね。

川崎市に、「川崎市子どもの権利委員会」っていうのがあるんです。

日本が、国連の「子どもの権利条約」を採択したのは一九九四年ですが、川崎市では二〇〇一年に、全国で初めて、市が独自の「子どもの権利条例」をつくりました。そして毎年、市民や子どもの声を集めて、検証したり改正したりしています。

子どもの委員会っていうのもあって、ここにその子どもの書いた文章があるので、後半だけですが、ちょっと読みますね。

〝わたしたち子どもから、
おとなへのメッセージです。
まず、おとなが幸せでいてください。
おとなが幸せじゃないのに、
子どもだけ幸せになれません。
おとなが幸せでないと、
子どもに、虐待とか体罰とかがおきます。
条例に、「子どもは、愛情と理解をもって育まれる」とありますが、
まず、家庭や学校、地域の中で、
おとなが幸せでいてほしいのです。
子どもは、そういうなかで、
安心して生きることができます。〟

こういうことを子どもに言わせる社会ってどうなの？　って恥ずかしく思いましたけど、

もう本当にその通りです。まず、おとなが幸せでいてください。子どもだけ幸せにすることはできません。そのことをお伝えしたかったんです。

その子らしい育ちがきっとある

さっき話に出た、二〇歳の卒業生の集まりに来た男の子。三歳のときは電気の延長コードやテーブルタップが大好きで、いっぱい持ってて、ブロックのように繋げて遊んでる子でした。電化製品のカタログをいつもたくさん持ち歩いてて、

「わたし、冷蔵庫を買いたいって思ってるんだけど、ある？」

「あるよ」ってわたしに見せてくれたりしたの。

お誕生日に何がほしい？　って親から聞かれたときに、彼は「せんぷうき」って言ったのよ（笑）。それで扇風機を買ってもらって、その次の年も扇風機なの（笑）。五歳にして二つの扇風機を持ってる子だったんですけど（笑）、二〇歳の集まりのときに聞いたら、やっぱり電気工学のほうに進んでて、大学院は新潟のほうに決まってると言ってました。

子どもの頃に熱中したことが本物になったわけね。

「あんたは電気ひと筋だったね」って。

スカートを履くのが大好きだった男の子もいたの。彼はきれいなものが好きだったのね。

ピンクのワンピースを買ってもらって、園に着てくる男の子でした。彼は七五三のときに、ハカマはイヤだ、着物がいいって、女の子の着物を着て写真を撮ったんですけど、今は野球をやってて坊主頭なのよ（笑）。

逆に、お父さんのことが大好きで、いつか自分にもオチンチンが生えてきて男になるって信じてる女の子もいました。みんなからも、お母さんたちからも男の子だって思われてた子なんですけど、二〇歳になって見たら、しっかり今どきの女の子なのよ。

五歳のときにいなくなっちゃって、みんなで大騒ぎして探した子は大学生。彼はリュックと水筒持って、自分の家まで行ってしまったの。

「あんたそこで何してんの？」って言ったら、

「ぼうけんした！」って、鼻高々で言い放った子だったの。

「…それ、覚えてる？」って聞いたら、

「うっすらですけど、覚えてます」

「あんたが東大に行くとは思わなかったわね」

「すべての元は遊びですから」

「なにそれ、カッコいいね！」って言って笑ったんですけど。

四月に転勤になるけど、どうしてもりんごの木に挨拶してから行きたい、どうしても会いたいって何度も電話をかけてきた男の子がいて、ようやく会えました。

「あなたの愛情表現もスゴかったわよね、覚えてる?」

彼はひろみさんって保育者が大好きだったのよ。でも、彼はケンカっぱやくて、愛情表現は殴る蹴るだったの。とうとうひろみが泣いちゃうところまでいったの。

「覚えてます。もうやりませんけど」

「そりゃそうよね。でもそれはいつから変わったの?」

「小学二年生の頃から変わりました」

こんなふうに、すべての子どもは、自分の育ちを持っている。それを、矯正しなければ、鉄は熱いうちに打たなければっていうのは、わたしは違うと思うのね。

今、子どもが望んでいることを、いいとか悪いとか、おかしいとかおかしくないとか、世間がとか常識がとか、って考えなくたっていいと思うんです。

もちろん生活してるんだから、ご迷惑なことは怒っていいのよ。あーあって、見て見ぬふりをしてたっていいと思うの。その子はずっとそのままじゃないんだから。

「何であんたはそうなの!」って頭から否定することはよくないと思うんだけど、その子らしさを損なわないように、普通に暮らしていればそれでいいんじゃないかしら? いろんなことがありながら、その子はその子らしく、ちゃんと大きくなっていきますよ。

いいところを伸ばしてあげよう、なんて、それも親のおせっかいね。子どもがそれに乗っかってこないと、

「せっかくあんたのことを考えてあげてんのに何なのよ！」って。

特に、習い事のように、お金がからんでくるとなおさらね。ジャガイモのいいところだけを伸ばしてあげようって邪魔な芽を取っちゃったら、ジャガイモが壊れちゃうのよ。普通に、自然な状態がいちばんだと思うんです。

お母さんの心配は子どもに背負わせないで、だいじょうぶ、何とかなるさって自分でおさめてほしい。子どもは子どもで、自分の心配を持っていけばいいと思うんですね。

お勉強についていけるかしら？　って心配がいちばん多いかしら？

勉強に興味があるけど分からない、本当は分かりたいと思っているようなら、教えてあげればいいと思うんですけど、興味がないようなら、うちの子は大器晩成だからと思って待ちましょう。脳が成長すれば、ある日急に分かるようになる子もいるのよ。

成績が悪くたっていいじゃない？　でこぼこのある人ほど、自分のやりたいことを見つけやすいから。

それより何より、親が自分の幸せを求めてほしい。

そしてその後ろ姿から、子どもは学んでいくんです。

「子どもだけが幸せにはなれない」って、子ども側から言ってくれたメッセージを、恥ずかしいけどそうありたいなって思っています。

親も自分の人生を放棄しないで、しっかり生きていきましょう。

子どもに「生まれてきてよかった」と思ってほしいけれど、親も「生まれてきてよかった」と思える人生をしっかり歩んでいってほしいです。もちろん、わたしも。

長い間ありがとうございました（拍手）。

あとがき

二〇〇五年から二〇一四年にわたっての講演録でした。

やっぱり静かな時の流れを感じます。かつては学級崩壊が騒がれ、キレる子に脅え、不登校の増加に心配し、先取り不安症候群という言葉も登場してきました。

おとなは常に子どもに願いを託しながら、子どもの育ちに不安を感じています。少子化もあいまっておとなの管理は厳しくなり、おとなにとって不快にならない、学校の成績のいい、集団を乱さない子がいわゆる「いい子」としての評価を得てきているように感じます。

最近気になるのは「空気を読める」を、おとなばかりでなく子どもにさえ要求するようになっていることです。そんな中で、子どもは本音で行動することに警戒し、本音を口にすることができにくくなり、感情や思考に蓋をして生きようとしているとさえ思える現状を危惧しています。

本来、子どもは心で感じたことに突き動かされて行動し、ひんしゅくを買ったり、怒られたり、驚かれたりという経験を積み重ねていくことで人として磨かれていくのだと思います。自分の気持ちを大事にすることで、人の気持ちに気づき、人の気持ちも大事にしようとするのではないでしょうか。その成長は、効率よく、無傷で、超スピードでとはいきません。

子どもたちと同じ目線になって過ごしてみると、子どもの本質は昔とあまり変わっていません。そして、人生は長いです。自分に向き合い、ゆっくりとたくさんの経験を通して豊かな人に成長していってほしいと願わざるをえません。

今いちど、子どもの育つ力を信じてみませんか？　思い切って見守ってみませんか？　と同時に、おとなたちも自分を見つめてみませんか？　やわらかな心をとりもどしてみませんか？　そんな思いをみなさんにお届けできたらうれしいです。

ころりん村幼児園の講演テープを起こし、まとめてくださったのはころりん村幼児園の元保護者である高野菜穂美さんです。毎回そして今回も、大変な作業をしてくださって心から感謝します。

校正には松尾泉さんにご協力をいただきました。ありがとうございました。

二〇一五年八月一日

柴田愛子

〈略歴〉

柴田愛子

1948年、東京生まれ。りんごの木代表。保育歴45年。東京の私立幼稚園で10年保育した後、仲間三人で「子どもにかかわるトータルな活動」をめざし1982年「りんごの木」を創設。柴田は当初は2、3歳児、後に4、5歳児をふくむ就学前の子どもの保育＝幼児園を主宰し、そのかたわら、母親や保育者対象に講演活動や執筆活動を続ける。親向けに、著書『子育てを楽しむ本』『もっと話したい子育ての楽しさ』『つれづれAiko』（以上、りんごの木出版部）『それは叱ることではありません』（PHP研究所）、保育者向け『子どもたちのミーティング』（りんごの木）『それって保育の常識ですか』（鈴木出版）があるほか、絵本『けんかのきもち』（絵本大賞受賞）『ぜっこう』（ともにポプラ社刊）など。

親と子のいい関係 ― 柴田愛子の講演録

2019年7月1日初版二刷発行

著　者　柴田愛子

発行者　本多哲樹

発行所　りんごの木（出版部）

〒224-0066　横浜市都筑区見花山12-23

Tel 045-941-0683　Fax 045-941-0467

印刷・製本　図書印刷株式会社

定価はカバーに表示してあります。

落丁乱丁の場合は送料当方負担でお取り替えいたします。

printed in Japan,2019　　ISBN978-4-947693-09-9